JN397765

GomE's Easy-Sewing

바느질의 여왕

곰이의 이지쏘잉이 만드는
우리 가족 이지룩 30

GomE's Easy-Sewing
바느질의 여왕
곰이의 이지쏘잉이 만드는 우리 가족 이지룩 **30**

초판 1쇄 발행 | 2013년 5월 15일
4쇄 발행 | 2015년 10월 15일

글·사진 | 이인숙
펴낸이 | 임정은
디자인 | 디자인모노피㈜

펴낸곳 | ㈜SJ소울
등 록 | 2008년 10월 29일 제2010-000015호
주 소 | 경기도 성남시 분당구 야탑동 211-3
전 화 | 0505)489-3167, 070)8639-5396
팩 스 | 0505)489-3168
이메일 | starina75@naver.com

ISBN 978-89-94199-23-8 13590
값 16,000원

※ 잘못된 책은 구입하신 서점에서 바꿔드립니다.
※ 저작권자와 출판사의 동의 없이 내용의 일부를 인용하거나 전재하는 것을 금합니다.

GomE's Easy-Sewing

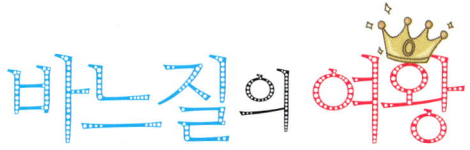

곰이의 이지쏘잉이 만드는
우리 가족 이지룩 **30**

이인숙 지음

저는 두 아이의 엄마이고, 한 남자의 아내입니다. 엄마와 아내이기에 큰 아이의 배가 유난히 통통한 것도, 작은 아이의 등이 긴 것도, 남편의 상체가 남들보다 커다란 것도 알고 있습니다. 작업실에 앉아 큰 아이를 생각할 땐 배가 넓은 블라우스를 만들고, 작은 아이를 생각하면서 길이가 좀 더 긴 티셔츠를 만들며, 남편을 생각하면 남들보다 넓은 어깨의 셔츠를 만들게 되지요.

저는 제 일을 무척이나 좋아합니다. 가장 사랑하는 사람들을 생각하며 그들이 편하게 입을 수 있는 옷을 만들 수 있는 제 능력이 자랑스럽습니다. 바느질을 시작한 지 10년이 훌쩍 지났음에도 여전히 그 일이 재미있고 즐거울 수 있는 건 아마도 제 안엔 태어날 때부터 바느질쟁이의 운명이 정해져 있었나 봅니다. 아무리 힘들고 지친 날에도 재봉틀 앞에 앉아 한땀씩 완성되어 가는 옷을 보면 바보가 된 것처럼 헤벌쭉 웃고 있는 모습을 발견하게 되니 말입니다.

누구나 삶에 있어 필요 이상의 걱정으로 스트레스를 만들게 됩니다. 그럴 땐 바느질을 해요. 바느질을 하는 순간만큼은 머릿속이 깨끗해집니다. 어지러운 생각이 비집고 들어올 틈이 없지요. 때때로 그 틈을 비집고 잡생각이 들어온다면 순조롭던 바느질은 어느새 의도하지 않은 방향으로 흘러가게 된답니다. 그저 모든 정신을 손끝에 느껴지는 감각과 규칙적으로 놓아지는 바늘땀에만 집중해야 합니다. 마지막 실을 끊는 순간이야말로 희열과 감동을 느끼는 순간이 되지요.

저는 홈패션 두 달 수강이 전부입니다. 옷을 만드는 방법은 오로지 책과 수없이 많은 시행착오를 경험하며 얻어진 결과물들이에요. 실패와 실수를 두려워한다면 결코 성장할 수 없음을 전해 드리고 싶습니다. 제가 만드는 옷은 좀 단순해요. 그래서 초라해 보이기도 하지요. 하지만 너무 복잡하고 어지러운 패턴을 보고 시작도 하기 전에 포기해 버리는 일이 생기는 건 참으로 가슴 아픈 일이에요. 누구나 쉽고 재미있게 바느질을 하고, 내 손으로 만든 완성품을 사랑스런 눈으로 바라볼 수 있었으면 좋겠습니다.

저는 오래 입어 낡고 해진 옷의 느낌을 좋아합니다. 너무 많은 세탁을 해서 원단의 표면에 보송하게 올라온 보풀을 보면 가슴이 따뜻해집니다. 내 손으로 직접 만든 옷에는 백화점이나 마트에서 쉽게 구입하는 옷에선 느낄 수 없는 비밀스런 이야기가 담겨 있어요. 그래서 낡았다고, 해졌다고 쉽게 버릴 수 없나 봅니다. 사람들이 묻습니다. 지치지 않느냐고, 지겹지 않느냐고. 천만에요. 바느질은 제게 있어 삶이고, 꿈이고, 행복인걸요.

저는 100세의 바느질 마니아 할머니가 되는 것이 목표입니다. 눈과 손이 자유롭지 않을 그날에도 바늘과 실이 늘 함께 했으면 좋겠습니다.

옷은 꼭 정해진 원단으로만 만들 필요는 없어요. 불편함을 느끼지 않는 범위 내에서 여러 가지 원단을 사용해 만들어 보는 것이 바람직합니다. 물론 실패도 있을 수 있어요. 그렇게 쌓인 경험이야말로 수업료를 내고도 배울 수 없는 소중한 재산이 된답니다. 손으로 만든 옷은 어찌 보면 바느질도 엉성하고 어딘가 부족하고 허점 투성이일 수 있어요. 하지만 세상에 하나뿐인 내 스타일의 옷을 입고 자부심과 행복을 느끼고 있다면 당신은 누구보다 멋진 '바느질의 여왕' 입니다.

T-Shirt

 p.42
기본 반소매 티셔츠 mom's

 p.46
기본 반소매 티셔츠 kid's

 p.50
스트라이프 원피스 kid's

 p.5
볼륨 소매 칼라 티셔츠 kid's

 p.70
체크 셔츠 kid's

 p.76
화이트 셔츠 mom's

 p.80
셔츠 미니원피스 kid's

 p.8
리넨 조끼 mom's

Pants

 p.102
슬림 팬츠 kid's

 p.108
8부 슬림 팬츠 kid's

 p.112
베이직 팬츠 kid's

 p.11
심플 숏팬츠 kid's

Skirt & One-piece

 p.140
레드 스트라이프 원피스 kid's

 p.144
리넨 원피스 kid's

 p.15
언밸런스 원피스 kid's

 p.170
레글런 미니원피스 mom's

 p.174
라운드 티셔츠 family's

 p.17
점퍼 스커트 mom's

Contents.

앞단추 기본 티셔츠 kid's — p.60
앞단추 기본 티셔츠 mom's — p.66

Prologue p.05
바느질 도구와 부재료 소개 p.08
기초바느질 p.24
쉬폰 스카프 만들기 p.183

해지 롱셔츠 mom's — p.88
후드 티셔츠 family's — p.92
반소매 후드 티셔츠 kid's — p.98

와이드 팬츠 kid's — p.122
와이드 숏팬츠 mom's — p.126
트레이닝 팬츠 mom's — p.130
트레이닝 숏팬츠 mom's — p.136

주름 원피스 kid's — p.156
고무줄 스커트 mom's — p.160
뒤트임 주머니 원피스 mom's — p.164

바느질 도구와 부재료 소개

바느질 도구

패턴을 옮겨 그리고 재단과 봉재를 할 때에는 많은 도구들과 준비물이 필요해요.
모두 갖출 수는 없지만 구비하면 편리한 재료들을 소개합니다.

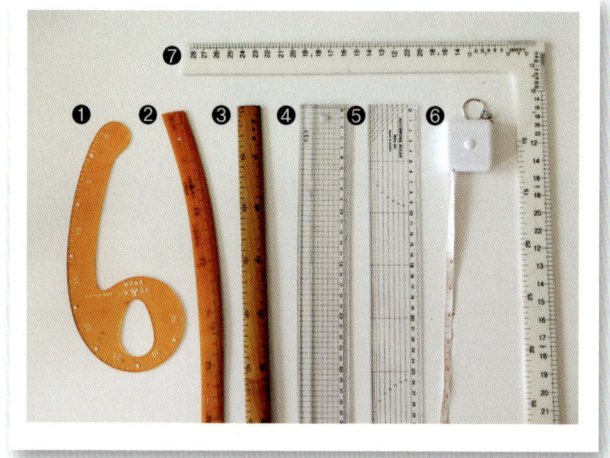

각종 자

암홀자, 곡자, 1m자, 방안자, 시접자, 줄자, 직각자.
패턴을 직접 만들 경우 위의 자들이 모두 있으면 좋겠지만, 그 중에서 방안자, 시접자, 줄자는 꼭 구비해야 옷을 쉽게 만들 수 있어요.

❶ **암홀자** 목라인, 진동라인, 밑위 등을 그릴 때 사용해요.
❷ **곡자** 스커트의 밑단, 팬츠의 밑아래 등 부드러운 곡선을 그릴 때 사용해요.
❸ **1m자** 긴 선을 그릴 때 유용하게 사용해요.
❹ **방안자** 가장 많이 쓰이는 자예요. 5mm 간격으로 눈금이 있어 어디에나 편리하게 사용할 수 있지요. 직각표시가 있어서 작은 직각을 그릴 때도 유용하답니다.
❺ **시접자** 각종 시접을 표시할 때 사용해요. 시접양이 표시되어 있어 재단할 때 유용해요.
❻ **줄자** 몸의 사이즈를 잴 때나 곡선의 길이를 잴 때 편리해요. 줄자는 옷 만들기에 꼭 필요한 자 중의 하나예요.
❼ **직각자** 직각을 그려줄 때 필요해요. 커다란 침구나 소품 등 직각을 많이 그려주는 작업에 유용하게 사용됩니다.

가위

가위는 원단을 자르는 가위와 종이를 자르는 가위, 실을 자르는 쪽가위를 구비해야 됩니다.
원단과 종이를 자르는 가위는 꼭 따로 사용해야 하며, 함께 사용하면 가위의 날이 무뎌져 사용하기 힘들어져요.

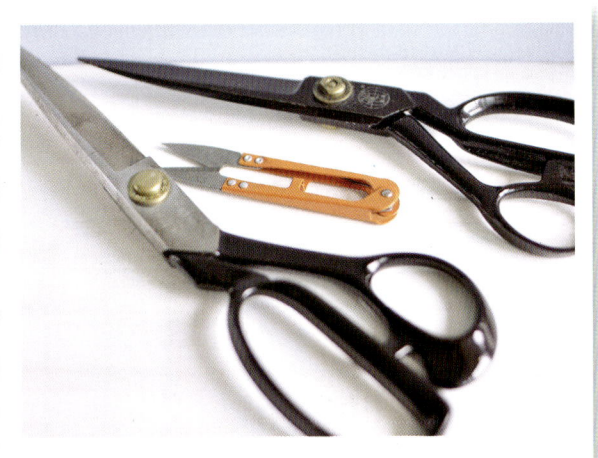 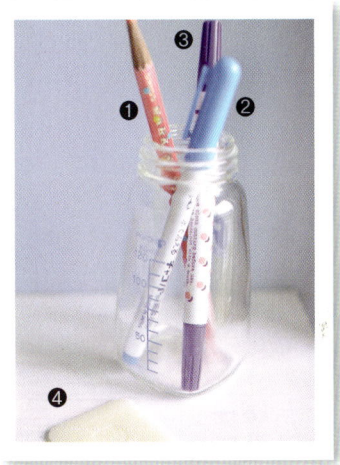

재단시 필요한 여러 가지 펜

패턴을 원단에 옮겨 그리는 펜은 여러 가지가 있어요. 각각의 특징을 알고 사용하면 필요한 곳에 편리하게 사용할 수 있답니다.

❶ **초크펜슬** 기존의 초크를 연필심에 넣은 타입이에요. 손에 묻지 않아 편리하게 사용할 수 있어요. 초크자국은 세탁시 지워지게 됩니다.
❷ **수성펜** 사인펜처럼 사용하는 펜으로 원하는 선을 그리고 물을 뿌리면 선이 사라지는 펜이에요. 펜을 보관할 때는 그려지는 부분을 아래로 향하게 두어야 오래 사용할 수 있어요.
❸ **기화성펜** 사용방법은 수성펜과 같지만 시간이 지나면 자연적으로 선이 사라지는 펜이에요.
❹ **초자고** 파라핀 성분으로 만들어진 초자고는 양초의 느낌이라고 생각하시면 되요. 가격이 저렴하고 부드럽게 잘 그려지며, 손에 묻어나지 않고 다리미로 다리면 잘 지워져 따로 지울 필요가 없는 편리한 도구예요. 하지만 자칫 잘못하면 다림질을 하다가 완성선이 지워지게 되니 조심해서 사용해야 됩니다. 초자고는 색상이 한 가지라서 흰색원단에 사용하기 어렵다는 단점이 있어요.

재봉틀

봉재를 할 때 가장 필수적인 도구가 재봉틀이에요. 재봉틀은 가정용과 공업용이 있어요.
공업용은 힘이 좋아 원단의 종류에 상관없이 깔끔한 봉재가 되는 반면 소음이 심해서 가정에서 사용하기엔 적합하지 않아요.
보편적으로 가정용 재봉틀을 사용하는데 너무 저가의 재봉틀은 난이도 있는 봉재를 할 때 어려움이 있으므로 주변의 조언을 얻어 본인에게 맞는 기능과 가격을 선택하는 것이 좋습니다.

원단에 따라 달라지는 실

❶ **코아사** 코아사는 언뜻 보기에 일반 면사처럼 생겼지만 실의 중심 부분에 나일론사가 들어 있어 실의 굵기는 얇고 강도는 좋은 실이에요. 스판성이 있는 원단과 없는 원단에 두루 사용할 수 있어요.

❷ **스판사** 다이마루와 같이 스판성이 좋은 원단에 사용하는 실로, 나일론이며 쭉쭉 늘어나는 느낌은 없어요. 보통의 힘으로는 잘 끊어지지 않기 때문에 신축성이 좋은 스판원단에 사용하면 실밥이 터지는 일 없이 안전하게 착용할 수 있답니다.

❸ **날나리사** 날나리사도 나일론으로 만들어지지만 스판사와는 느낌이 전혀 틀려요. 부드러운 털실처럼 생겼는데 당기면 쭉쭉 잘 늘어나는 실이랍니다. 보통 티셔츠와 같은 신축성이 좋은 원단에 사용되며 밑실에만 사용할 수 있지요. 윗실은 면사를 사용해요.

❹ **40수 2합사 재봉사** 보통의 직기(늘어나지 않는 원단)에 어디든 사용하는 실로 여러 가지 색상을 구비해 놓으면 원단의 색에 맞춰 봉재할 수 있어요.

시침핀과 바늘, 핀쿠션

❶ **시침핀** 원단을 봉재하기 전, 원단이 틀어지거나 미끄러지지 않도록 시침핀으로 고정해요. 종류는 여러 가지가 있지만 얇은 핀은 꽂은 채로 박음질을 해도 재봉틀의 바늘이 부러지거나 휘어지지 않아 편리해요.

❷ **바늘** 실을 끼워 손바느질을 할 때 사용해요.

❸ **미싱바늘** 직기(늘어나지 않는 원단)용과 다이마루, 니트(늘어나는 원단) 등을 봉재하는 니트바늘이 있어요. 두께가 9호부터 18호까지 다양하기 때문에 원단에 따라 알맞은 바늘을 사용해야 예쁜 봉재를 할 수 있답니다. 호수가 높아질수록 바늘의 두께는 두꺼워져요. 주로 11호~14호까지를 가장 많이 사용합니다.

❹ **핀쿠션** 시침핀과 바늘을 꽂아 보관하는 용도로 쓰이지요.

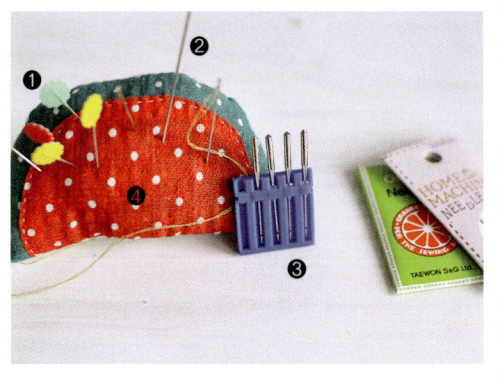 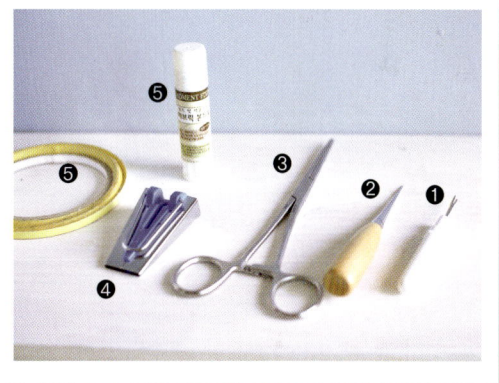

그밖의 부재료

❶ **실뜯개** 봉재시 잘못된 박음질선을 뜯어내거나 단추구멍을 자를 때 사용합니다.

❷ **송곳** 주머니나 단추의 위치 등을 표시할 때, 재봉틀에 원단을 밀어 넣을 때 등 다양하게 사용해요.

❸ **겸자** 가위처럼 생긴 집게로 손을 끼우는 부분에 고정용 톱니가 있어 한번 집으면 잘 빠지지 않아 편리해요. 손이 들어가지 않는 곳의 원단을 뒤집을 때 사용해요. 허리끈을 만들거나 털이 있는 인형을 뒤집을 때 사용하면 편리합니다.

❹ **바이어스 메이커** 바이어스 테이프를 접어 다릴때 접어주는 기능을 하는 도구예요.

❺ **패브릭 본드, 접착 테이프** 옷감을 임시로 고정하는 용도로 쓰여요. 주머니를 달거나 밑단을 줄일 때 사용하면 편리해요. 접착 테이프는 양면 테이프처럼 사용하고 세탁을 하면 제거가 된답니다.

장식 부자재

옷 만들기에서 적절한 부자재 사용은 옷의 완성도를 높이고 밋밋한 곳에 포인트를 주어 한결 생기 있는 느낌을 줄 수 있습니다.

단추는

여밈의 용도 외에 장식에도 효과 만점의 부자재에요. 크기, 모양, 색상, 재질별로 모아두면 편리하지요. 옷을 완성하고 어울리는 단추가 없어 시간을 지체하는 일이 없도록 미리 여러 가지 단추를 구매해두는 것이 좋아요.

단추를 달기 어려운 곳이나

여밈을 보다 손쉽게 만들기 위해 금속단추를 사용할 수 있어요. 금속단추는 전용 기구를 이용해야 달아줄 수 있어요.

스냅단추

옷의 외관에 단추를 보이지 않게 하고 싶을 때나 간단한 여밈, 단춧구멍을 내기 어려운 곳에 스냅단추를 사용하면 편리해요. 스냅단추는 바늘과 실을 이용해서 달아줍니다.

스트링과 스트링 끝종

후드나 트레이닝 허리에 조임용 끈으로 사용해요. 스트링 끝에 끝종을 끼우면 끈이 빠지지 않아 편리하지요.

고무줄은

옷만들기에 없어서는 안될 부자재로 허리단, 소매단, 바지밑단 등에 자주 사용되는 부자재에요. 종류별로 구매해두면 요긴하게 사용할 수 있답니다.

레이스와 토션

여성의 옷에 주로 사용하는 레이스는 면으로 만든 레이스와 실로 짠 레이스인 토션, 레이스에 미리 주름을 만들어 놓은 주름레이스 등 여러가지가 있어요. 레이스를 적절하게 사용하면 사랑스러운 작품을 만들 수 있답니다.

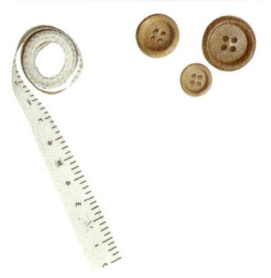

케이프
목라인에 달아주는 뜨개 느낌의 칼라를 케이프라고 해요.
직접 박음질을 하는 방식과 목라인을 따라 두르고 묶어주는 방식이 있지요.
케이프의 유무에 따라 옷의 느낌이 전혀 달라 사용하는 재미가 있는 부자재입니다.

니트까미는
실로 짠 레이스로 만들어진 반제품으로 밑단에 하늘거리는 원단을 주름 잡아 달아주기만 하면 멋진 나시 원피스를 만들 수 있어요.
색상과 모양을 취향대로 선택할 수 있고, 밑단에 달아주는 원단에 따라 새로운 분위기를 낼 수 있습니다.

모티브는
여러가지 모양으로 만들어진 모양 레이스예요.
크기와 모양 등이 다양해서 작품에 포인트를 주거나 여성스럽고 사랑스런 느낌을 주기에 좋아요.
옷뿐만 아니라 소품에도 훌륭하게 어울리는 부자재입니다.

 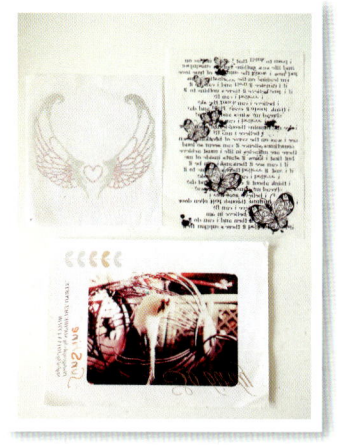 

라벨과 와펜은

밋밋한 작품에 장식을 할 때 사용해요. 라벨은 소재와 종류가 다양해서 적절한 곳에 사용하면 작품의 완성도를 높여줄 수 있어요.

와펜 또한 장식용으로 쓰이는 부자재로 옷에 올려놓고 다리미로 다려 접착을 하는 방식과 직접 바느질을 해서 붙여주는 방식이 있어요.

전사지는

티셔츠에 그림을 새겨 넣을 때 사용하며 다리미로 다려 접착합니다. 하지만 다리미로 쉽게 접착되는 전사지가 있는 반면 가정용 다리미로는 쉽게 접착할 수 없는 것도 있으니 설명서를 잘 참고해서 구매하는 것이 좋아요.

원단 판매몰에서 원단과 전사지를 선택하면 직접 접착해서 보내주기도 합니다.

● 용어 정리

선세탁

대부분의 원단은 세탁을 하면 수축이 생기게 되는데, 옷을 완성한 후 세탁을 하면 형태가 변형되는 문제가 발생하게 되지요. 이런 문제를 예방하기 위해 옷을 만들기 전 미리 물에 담가 두었다가 세탁하는 것을 선세탁이라고 합니다. 선세탁은 수축 문제를 해결할 수 있을 뿐만 아니라 제조와 유통과정에서 발생된 먼지를 제거하고 물빠짐을 확인하는 방법이기도 해요.

요즘에는 제조과정에서 미리 워싱이 되어 선세탁을 생략하는 원단이 판매되고 있어 편리합니다.

선세탁 방법
❶ 미지근한 물에 원단을 2시간 정도 담가주세요. 손으로 주물러 빨고 맑은 물로 여러 번 헹궈 세탁망에 넣어 탈수합니다.
❷ 원단을 털어 주름이 가지 않도록 널고 말린 후 다림질하여 사용합니다.

다트

다트는 몸의 굴곡진 부분에 옷이 잘 맞을 수 있도록 삼각형 모양으로 접어서 박아주는 것을 말해요. 여성의 가슴 주변이나 팬츠, 스커트의 허리 등에 많이 쓰입니다.

 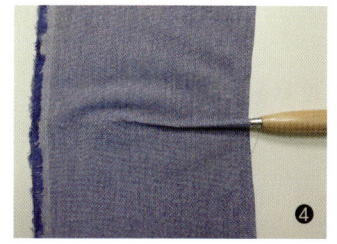 

다트 봉재 방법

❶ 다트를 표시합니다.
❷ 다트선이 만나도록 접어 박음질합니다. 이때 삼각형 끝점에서는 되돌아 박음질을 하지 않고 실을 길게 남기고 잘라주세요.
❸ 길게 남긴 실을 묶고 남은 실은 잘라 버립니다.
❹ 송곳을 넣어 시접을 갈라 다림질합니다.
❺ 겉에서 본 모습.

  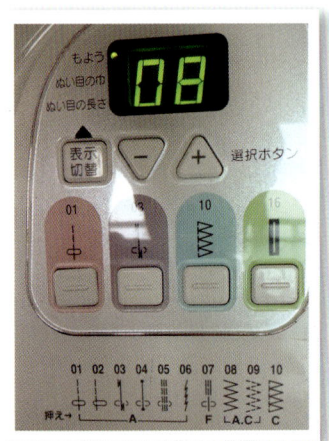

너치 표시

재단을 하다 보면 표시해야 할 부분이 많이 생기게 됩니다. 하지만 반을 접어 재단하거나 두 장을 한꺼번에 재단하는 경우엔 한 장에만 완성선이 그려지게 되지요. 이럴 때 중심선, 소매산이나 주름분, 칼라 달리는 끝점 등 표시하고 싶은 곳에 가윗밥을 살짝 주는 방법을 너치라고 해요.

하지만 너치는 깊게 해서는 안되요. 완성선이 잘리는 경우가 생기게 되거든요. 또한 시접이 없는 곳이나 올이 잘 풀리는 원단에는 너치 표시를 하지 않습니다.

바텍

바텍은 지퍼끝이나 주머니 입구처럼 틀어짐을 방지하기 위해 튼튼하게 고정하는 용도로 쓰입니다. 바텍을 잘 이용하면 옷의 완성도를 높여주고 장식적인 효과도 줄 수 있지요.

바텍을 하는 방법은 재봉틀의 지그재그패턴을 선택한 후 바늘땀의 간격을 촘촘히 하고 폭을 작게 맞춘 후 박음질하면 되요. 하지만 정확한 폭이나 사이즈를 위해 여분의 원단에 테스트를 해보고 바텍을 할 곳엔 수성펜으로 미리 표시를 해두는 것이 좋아요.

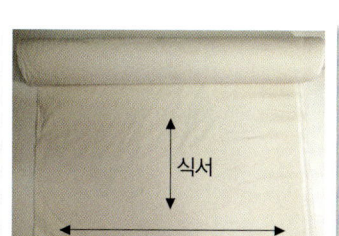

식서

식서란 원단의 방향을 말합니다. 보통 원단이 늘어나지 않는 방향, 원단이 감겨 있는 방향을 식서라고 하지요.

식서 방향은 옷을 만들 때 매우 중요해요. 패턴에 표시된 방향을 무시하고 재단할 경우 옷이 틀어지거나 세탁시 수축으로 인해 변형이 생길 수 있답니다.

따라서 패턴에 표시된 식서 방향은 꼭 지켜 재단을 해야 합니다. 식서의 반대 방향은 푸서입니다.

골선

대부분의 패턴은 대칭되는 부분이 반쪽만 그레이딩되어 있어요. 따라서 반쪽짜리 패턴 두 장을 대칭이 되도록 그려야 하지요. 이때 중심이 되는 선, 대칭되는 가운데 선을 골선이라고 해요.

골선이 있는 패턴은 주로 원단을 접어서 재단해요. 원단의 접은 선에 골선 표시를 맞추면 대칭된 재단이 완성된답니다.

커프스

본래 '소맷부리, 바지의 단' 등의 여러 의미를 갖지만 주로 블라우스, 와이셔츠의 소맷부리에 붙여지는 띠 모양의 부분을 가리켜요. 우리가 흔히 입는 셔츠에는 단추를 채우는 형식의 싱글커프스 디자인이 많아요.

원단 소개

원단의 선택은 옷의 완성도를 좌우한다고 설명해도 지나치지 않을 만큼 중요한 부분이에요. 초보들이 가장 어려워 하는 것도 원단 선택의 과정이지요. 하지만 원단의 특성을 이해하고 만져보고 반복해서 만들어보면 어렵지 않게 원단을 선택할 수 있게 됩니다.

원단은 두께에 따라 '수' 라는 이름을 붙여요. 10수, 20수 ~ 60수로 분류되는데 숫자가 높을수록 얇은 원단이라는 표시랍니다.

직기

신축성이 없는 원단을 통틀어 직기라고 합니다.

❶ **아사 60수** 비침이 있는 아사는 아주 얇은 원단에 속해요. 면 100%로 만들어져 스카프나, 손수건, 여름 블라우스 등을 만들지요. 9호 바늘과 40수 2합사 재봉사를 사용합니다.

❷ **거즈** 아기 손수건에 많이 사용하는 원단이에요. 좀 성글게 짜여진 느낌의 부드러움이 아기용품을 만들기에 적합하지요. 두께는 아사와 비슷하답니다. 두 장으로 짜여진 거즈 원단을 더블거즈라고 해요. 세탁시 수축이 아주 많은 원단이에요. 9호 또는 11호 바늘과 40수 2합사 재봉사를 사용합니다.

❸ **면 30수** 홈패션에서도 많이 쓰이고 비침이 적어 아동용 원피스로 만들어도 예뻐요. 소품의 안감 등으로 사용되기도 한답니다. 11호, 14호 바늘과 40수 2합사 재봉사를 사용해요.

❹ **선염 30수** 염색된 원사로 짜여진 원단이에요. 염색된 실로 짜여지기 때문에 체크, 스트라이프 등 모양이 단순하다는 특징이 있지요. 겉과 안이 동일한 것도 특징이에요. 약간의 무게감이 있고 여름 반바지나, 원피스, 소품 등을 만드는 데에 사용합니다. 11호, 14호 바늘과 40수 2합사 재봉사를 사용합니다.

❺ **해지** 선염 30수 원단과 비슷한 두께감에 보다 부드러운 느낌이 있어요. 얇은 청지 느낌이라고 생각하면 좋을 듯해요. 주로 마린룩이나 여름 반바지, 봄, 가을 셔츠 등을 만들 수 있답니다. 11호, 14호 바늘과 40수 2합사 재봉사를 사용해요.

❻ **리넨** 아마로 얇게 짜여진 원단으로 처음엔 까슬거리는 느낌이 있지만 세탁을 할수록 부드러워지는 것이 특징이랍니다. 리넨은 가공되어지는 방법에 따라 두께와 느낌이 많이 달라지며 세탁시 수축이 많아 선세탁이 꼭 필요한 원단이에요. 워싱리넨은 선세탁 과정을 생략할 수 있어 편하게 작업할 수 있답니다. 네츄럴한 느낌을 내는 원피스, 블라우스, 팬츠 같은 의류와 거의 모든 소품에 사용할 수 있어요. 11호, 14호 바늘과 40수 2합사 재봉사를 사용합니다.

❼ **면트윌** 주로 면바지나 스커트 등을 만드는 원단입니다. 11호, 14호 바늘과 40수 2합사 재봉사를 사용해요.

❽ **코듀로이** 골덴이라고 불리며 표면에 짧은 털이 있는, 골이 지게 짠 원단을 말해요. 주로 겨울용 바지나, 재킷, 점퍼스커트 등을 만들 때 사용하지요. 코듀로이는 털의 방향이 있으므로 재단시 같은 방향으로 재단을 해야 되요. 14호, 16호 바늘과 40수 2합사 봉재사를 사용합니다.

다이마루

티셔츠와 같이 신축성이 있는 원단을 통틀어 다이마루라고 해요. 다이마루는 끝이 말리는 현상이 있는 원단이 많아요. 잘 펴서 바느질을 해야 한답니다.

❶ **싱글다이마루** 우리가 흔히 입고 있는 티셔츠를 만드는 원단이에요. 앞면과 뒷면의 짜임이 다르지요. 티셔츠, 원피스, 나시 등 여러 가지로 활용도가 있어요. 여름에 주로 입는 반소매 티셔츠는 30~40수 정도의 두께감입니다. 11호 니트바늘과 스판사, 코아사를 사용해요. 윗실은 면사, 밑실은 날나리사를 사용하기도 해요.

❷, ❸ **쭈리, 미니쭈리, 기모쭈리** 겉면은 싱글다이마루와 같은 모양을 하고 뒷면은 수건처럼 고리가 있는 형태로 짜여진 원단이에요. 미니쭈리는 20수 정도의 두께감으로 뒷면 고리가 작고 얇으며 쭈리는 고리가 크고 두께가 미니쭈리보다 두꺼워요. 기모쭈리는 뒷면에 보송한 기모가 있어 방한용으로 좋아요. 주로 라운드 티셔츠, 후드 티셔츠, 집업 점퍼, 트레이닝 세트 등을 만든답니다. 14호, 16호 니트바늘과 스판사, 코아사를 사용해요. 윗실은 면사, 밑실은 날나리사를 사용하기도 해요.

❹ **퀼팅다이마루** 원단은 싱글다이마루와 같으나 두 장의 싱글다이마루 원단 사이에 얇은 솜을 넣고 누벼준 원단이에요. 겨울 방한용 후드 티셔츠, 점퍼, 조끼 등을 만들 때 사용합니다. 14호, 16호 니트바늘과 스판사, 코아사를 사용해요. 윗실은 면사, 밑실은 날나리사를 사용하기도 해요.

❺ **PK다이마루** PK티셔츠를 만들 때 사용하는 원단이에요. 통기성과 땀 흡수성이 좋아 봄부터 가을까지 티셔츠로 사용되는 원단입니다. 칼라와 소매 시보리도 세트로 판매되는 경우가 많아서 완성도 있는 칼라 티셔츠를 만들 수 있지요. 11호, 14호 니트 바늘과 스판사, 코아사를 사용해요. 윗실은 면사, 밑실은 날나리사를 사용하기도 해요.

❻ **골지** 골이 지게 짜여진 원단으로 신축성이 뛰어나 폴라 티셔츠나 레깅스를 만들기에 적합해요. 겉과 안이 동일합니다. 신축성이 너무 좋아 박음질선이 터지는 경우가 있으므로 11호 니트바늘과 다른 실에 비해 튼튼한 스판사를 사용해요.

❼ **후라이스** 골지에 속하는 원단으로 골지와 비슷한 성질을 가지고 있어요. 골지에 비해 좀 더 힘이 있는 경우가 많고, 두께와 느낌의 종류가 여러가지라서 패턴에 맞게 사용해야 되요. 폴라 티셔츠, 레깅스, 가디건을 만들 때 사용하면 좋아요. 신축성이 좋기 때문에 11호, 14호 니트바늘과 다른 실에 비해 튼튼한 스판사를 사용해요.

❽ **니트** 뜨개질한 느낌이 나는 원단이에요. 올이 촘촘한 것부터 성근 것까지 여러 가지가 있어요. 주로 품이 넉넉한 티셔츠나, 가디건 등을 만들기에 좋아요. 11호 니트바늘과 스판사를 사용해요.

❾ **타월지** 우리가 흔히 쓰는 수건과 같은 원단으로, 땀이나 물을 흡수하는 능력이 뛰어나 목욕가운을 만들기에 적합합니다. 11호, 14호 바늘과 스판사, 코아사를 사용해요.

❿ **시보리** 티셔츠의 목이나 손목 등의 신축성을 요하는 부분에 달아주는 원단으로 고무단이라고도 합니다. 회색은 2:1 면 시보리로 탄성이 좋아 후드 티셔츠나 집업 점퍼 등의 소매와 밑단 등에 사용해요. 흰색은 골지 시보리로 보다 부드러운 느낌으로 몸에 밀착되는 티셔츠, 가디건을 만들 때 좋아요. 곤색은 밀라노 시보리로 여름용 티셔츠와 같이 얇은 원단의 목둘레, 소매단에 사용하는 시보리입니다. 시보리는 종류도 많고 같은 이름이라도 느낌이 많이 다를 수 있으므로 판매자의 설명을 꼼꼼하게 읽어보고 선택하는 게 중요해요.

기초 바느질

단춧구멍 만들기

단춧구멍 만드는 방법은 사용하는 재봉틀마다 다를 수가 있어요. 재봉틀의 동영상 설명서 등을 잘 숙지한 후 충분히 연습하면 예쁜 단춧구멍을 만들 수 있답니다. 요즘은 자동으로 단춧구멍을 만들어주는 재봉틀이 있어 편리하게 사용할 수 있어요. 다음은 자동으로 단춧구멍 만드는 방법입니다.

  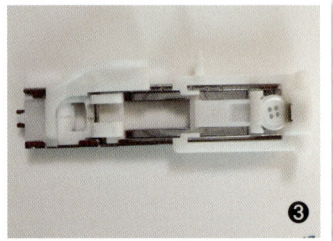

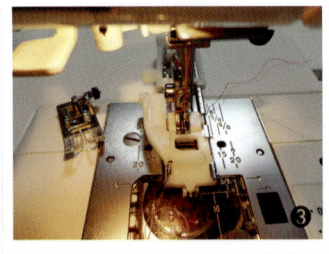 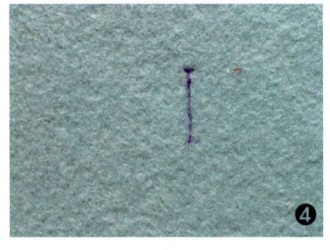 

❶ 단춧구멍 만들기 레버를 내려주세요.
❷ 재봉틀의 단춧구멍 패턴을 선택합니다.
❸ 단춧구멍 노루발에 단추를 끼워주고 재봉틀에 장착합니다.
❹ 단춧구멍을 만들 곳에 표시를 해주세요.
❺ 표시한 부분이 단춧구멍 노루발의 중앙에 오도록 잘 맞춰주고 실을 노루발 아래로 빼내주세요. 노루발을 내려주고 발판을 밟아 단춧구멍을 완성합니다.
❻ 노루발을 올려 원단을 빼내고 시침핀을 꽂아 단춧구멍이 찢어지는 것을 방지한 후 실뜯개로 박음질선 사이를 잘라줍니다.
❼ 단추가 잘 들어가는지 확인합니다.

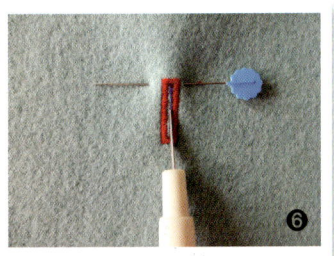
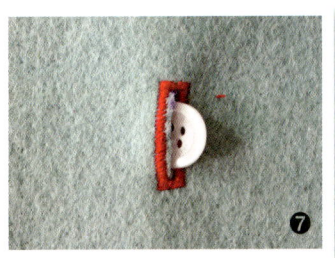

tip. 원단이 너무 얇거나 잘 늘어나는 경우 단춧구멍을 만드는 일은 쉽지 않아요.
그럴 때는 원단 안쪽에 접착심지를 붙여주거나
원단 아래에 A4지를 깔고 작업을 해보세요.
단춧구멍이 한결 예쁘고 깔끔하게 만들어집니다.
떼어내고 남은 종이는 세탁 후 자연스럽게 떨어진답니다.

바이어스 테이프 만들기

바이어스는 시접을 원단으로 감싸 처리하는 방법이에요. 바이어스 테이프는 시접을 감싸는 원단을 말합니다.

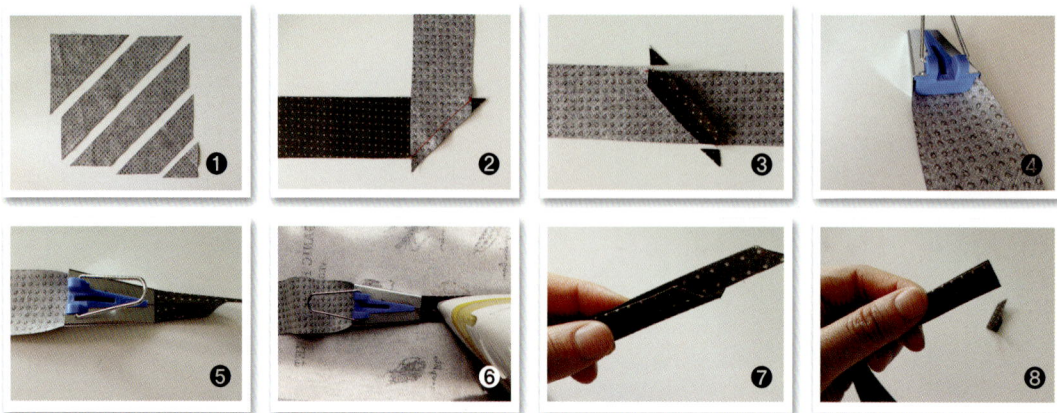

❶ 늘어나지 않는 원단의 경우 시접을 감싸는 바이어스 테이프는 사선 방향으로 재단합니다. 45도 각도로 재단해주세요. 직선으로 재단하면 원단이 늘어나지 않아 바이어스가 깔끔하게 처리되지 않습니다.
❷ 바이어스 테이프가 짧은 경우 연결해서 사용할 수 있어요. 사선으로 잘린 끝을 겉끼리 맞대고 끝선과 평행하게 박음질을 합니다.
❸ 시접을 갈라 다려주고 삐져 나온 부분은 가위로 깔끔하게 잘라주세요.
❹ 만들어진 바이어스 테이프는 바이어스 메이커의 끝에 살짝 밀어 넣어요.
❺ 바이어스 메이커의 중앙 구멍을 통해 송곳으로 원단을 밀어 앞으로 빼내주세요.
❻ 다리미로 다려주세요.
❼ 중심을 접어 다려주세요.
❽ 끝부분의 사선을 잘라주세요.

tip. 다이마루와 같이 신축성이 있는 원단의 바이어스 테이프는 식서 반대 방향인 푸서 방향으로 재단합니다.

바이어스 처리하기

 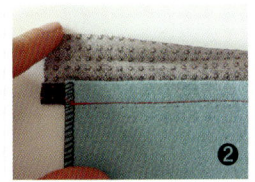  

 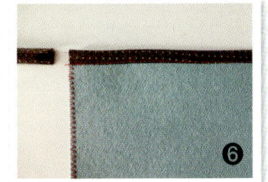

❶ 원단의 안과 바이어스의 겉을 맞대고 첫 번째 다림질선을 박음질합니다.
❷ 바이어스 테이프를 박음질선에 맞춰 접어주세요.
❸ 다림질선대로 접어주세요.
❹ 바이어스 테이프를 원단의 겉으로 넘겨 접어 박음질선이 살짝 가려지도록 덮어주세요.
❺ 원단의 겉에서 접은선 1mm 안쪽을 따라 박음질합니다.
❻ 남은 바이어스 테이프를 잘라주세요.

트임 바이어스 처리하기

트임 바이어스 처리는 목부분이나 소매에 트임이 있는 부분을 바이어스로 처리하는 방법으로 원단의 끝을 바이어스 테이프로 감싸주는 방법입니다.

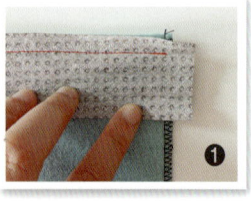   

❶ 원단의 안과 바이어스 테이프의 겉을 맞대어 주세요. 이때 원단을 바이어스 테이프보다 1㎝ 안으로 넣어 박음질을 시작합니다.
❷ 원단의 겉에서 본 사진입니다.
❸ 바이어스 테이프를 박음질선에 맞춰 접어주세요.
❹ 1㎝ 남은 바이어스 테이프를 원단 끝에 맞춰 접어주세요.
❺ 바이어스 테이프를 다림질선대로 접어주세요.
❻ 바이어스 테이프를 원단의 겉으로 넘겨 접어 박음질선이 살짝 가려지도록 덮어주세요.
❼, ❽ 원단을 감싼 바이어스 테이프를 ㄴ자 모양으로 접은선 1㎜ 안쪽을 따라 박음질합니다.

안쪽 바이어스 처리하기

안쪽 바이어스 처리는 겉쪽에서는 바이어스 테이프가 보이지 않고 안쪽에서만 테이프가 보이는 방법입니다.
목둘레나 나시의 진동둘레 등 깔끔한 처리를 원할 때 사용하세요.

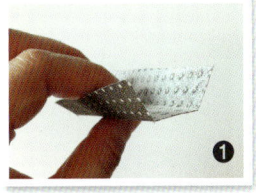   

  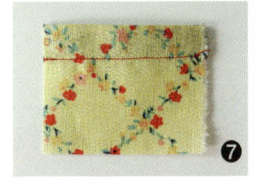

❶ 바이어스 테이프는 삼등분해서 다려주세요.
❷ 원단의 겉과 바이어스의 겉을 맞대고 첫 번째 다림질선을 따라 박음질합니다.
❸ 박음질선에 맞춰 접어주세요.
❹ 다림질선을 따라 접어주면 바이어스 테이프가 원단의 안쪽으로 넘어오게 됩니다.
❺ 박음질선을 안쪽으로 접어주세요.
❻ 바이어스 테이프의 끝선에서 1mm 안쪽으로 박음질합니다.
❼ 겉쪽에서는 바이어스 테이프가 보이지 않고 박음질선만 보이게 됩니다.

> **tip.** 일반 바이어스 처리를 할 경우 바이어스 처리할 곳엔 시접을 주지 않지만,
> 안쪽 바이어스 처리를 하는 곳에는 바이어스 테이프의 폭÷3을 한 넓이 만큼 시접을 주어야
> 패턴에 맞게 봉재를 할 수 있어요.

원통형의 바이어스 처리하기

소매나 몸판 등의 밑단에 바이어스 처리를 하는 경우 원통형으로 바이어스 처리를 하게 됩니다. 이런 경우 바이어스 테이프가 서로 만나서 끝을 맺기 때문에 바이어스 테이프와 원단의 길이 계산을 잘 해야 하는 어려움이 있어요. 보다 쉽게 원통형 바이어스를 처리하는 방법을 소개합니다.

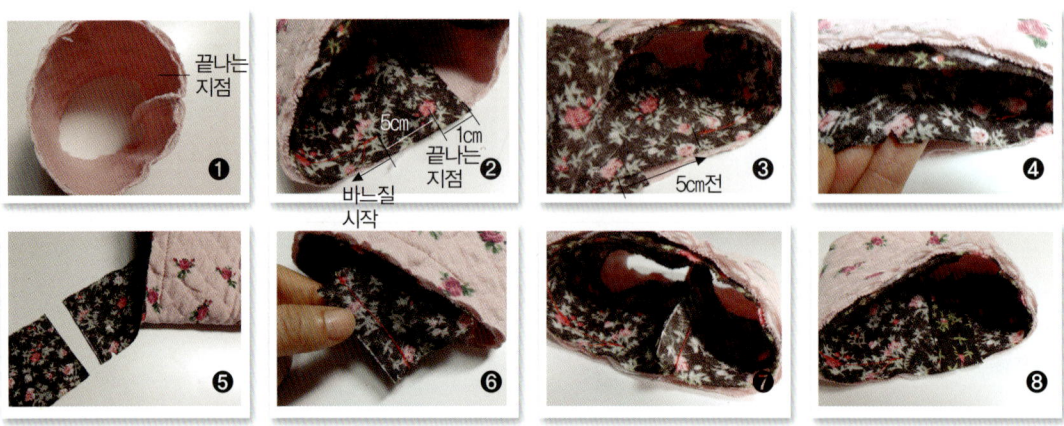

❶ 원통으로 만들어진 원단에 바이어스 끝나는 지점을 표시합니다.
❷ 원단의 안과 바이어스 테이프의 겉을 맞대고 바이어스 끝나는 지점보다 1cm 여유 있게 바이어스 테이프의 끝을 맞춰주세요. 박음질 시작은 5cm를 띄우고 시작합니다.
❸ 원통을 둘러 박음질하고 바이어스 끝나는 지점 5cm 전에 박음질을 마무리하세요.
❹ 처음 시작했던 바이어스 테이프와 한바퀴 돌아온 테이프를 포개고 바이어스 끝나는 지점에 너치 표시를 합니다(테이프의 처음과 끝이 겹쳐진 채로).
❺ 남은 바이어스는 너치 표시에서 1cm 여유를 두고 잘라 버립니다.

❻ 바이어스 테이프의 처음과 끝을 겉끼리 맞대어 잡습니다.
❼ 너치 표시한 지점을 박음질합니다.
❽ 바이어스 테이프의 시접을 가름솔합니다.
❾ 남겨두었던 10㎝를 박음질합니다.
❿~⓬ 나머지는 바이어스 처리하기와 동일합니다.
　　 겉에서 둘러 박음질합니다. 바이어스 테이프가 연결된 지점이 잘 보이지 않게 처리되었습니다.

tip. 원단의 연결부위보다 1㎝ 전에 끝점을 선택한 이유는?
바이어스 테이프가 연결된 지점과 원단의 연결 부위가 겹쳐져 두꺼워지는 것을 막기 위해서입니다.

시보리 달기

시보리란 점퍼나 티셔츠의 목, 손목 등 신축성을 요하는 부분에 달아주는 원단으로 '고무단' 이라고도 합니다.

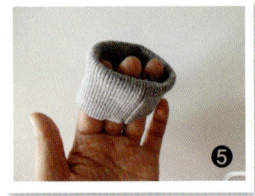   

❶ 시보리에도 안과 겉이 있어요. 손으로 늘려보았을 때 얇은 고무줄이 보이는 쪽이 안쪽입니다.
❷ 원통형으로 만들어진 원단과 시보리입니다. 시보리는 보통 원단 길이의 70%~80% 정도로 재단합니다.
❸ 시보리를 겉끼리 맞닿도록 반을 접어 박음질합니다.
❹ 시접을 가름솔합니다.
❺ 겉이 보이도록 반을 접어주세요.
❻ 원단의 겉에 시보리를 끼워주세요. 시보리의 뚫린 쪽이 원단의 끝에 맞도록 배치합니다. 시보리와 원단을 같은 비율로 등분해서 시침핀으로 꽂아주세요.
❼ 시보리를 당겨가면서 둘러 박음질합니다.
❽ 시접을 오버록하고 시보리를 내려주세요. 시접은 원단 쪽으로 넘겨 다림질하고 겉에서 상침을 하기도 합니다.

시접처리 방법

오버로크와 지그재그 바느질

가장 기본적인 방법이 오버로크와 지그재그 바느질입니다(왼쪽이 지그재그 바느질, 오른쪽이 오버로크). 오버로크는 옷만들기에서 가장 많이 쓰이는 시접처리 방법이에요. 올풀림이 심한 원단의 경우 오버로크를 하지 않으면 옷을 만들기가 어렵답니다. 지그재그는 가정용 재봉틀을, 오버로크는 전용 재봉틀을 사용해요.

 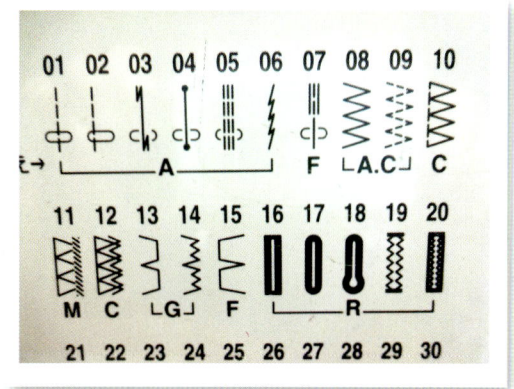

가름솔

가름솔은 오버로크나 지그재그 재봉 후 시접을 양쪽으로 갈라서 다려주는 방법입니다.

쌈솔

   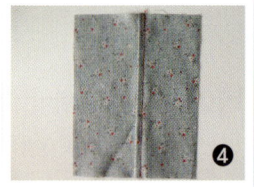

❶ 완성선을 박음질한 시접 중 한쪽을 4mm 남기고 잘라냅니다.
❷ 자르지 않은 넓은 시접으로 자른 시접을 감싸 짧은 시접 쪽으로 눕혀줍니다.
❸ 감싼 시접 끝을 박음질합니다.
❹ 겉에서 보면 완성선 옆에 한 줄의 박음질선이 보입니다.

통솔

 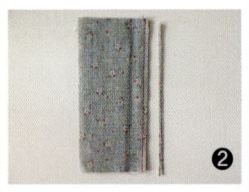  

❶ 원단을 안쪽끼리 맞대고 완성선에서 5mm 밖으로 완성선과 평행되도록 박음질합니다.
❷ 시접을 3mm 남기고 잘라냅니다.
❸ 박음질선을 중심으로 뒤집어서 5mm의 시접을 두고 박음질합니다.
❹ 원단을 펼쳐 다려줍니다.
❺ 안쪽에서 보면 시접이 한쪽으로 눕게 됩니다.

접착심지 붙이기

접착심지는 빳빳함이 필요한 부분(칼라, 낸단, 커프스 등)의 뒷면에 다리미로 붙여주는 심지를 말해요.
또 신축성이 있는 원단에 단춧구멍을 내거나 지퍼를 달 때도 사용하지요.
접착심지는 세탁에 의해 줄어들 수 있으므로 반드시 가벼운 선세탁을 합니다.

원단의 안쪽에 접착심지의 까끌거리는 부분을 맞대고 다리미로 다려줍니다. 이때 다리미를 밀면서 다리지 않고 누르듯이 다려야 접착심지가 밀리지 않고 예쁘게 붙어요.

tip. 접착심지가 열에 약하거나 원단이 얇고 색이 밝은 곳에 접착심지를 붙일 경우 다리미로 강하게 눌러주면 눌어붙거나 색이 변하는 일이 생기게 됩니다. 그럴 때는 분무기로 원단에 물을 뿌려주고 접착심지 위에 얇은 원단을 한 장 더 덮어 다리면 보다 안전하게 작업할 수 있어요.

주름 만들기

여아의 옷에 유용하게 사용되는 프릴은 옷을 더 여성스럽고 사랑스럽게 만들어줍니다.

주름은 보통 노루발을 이용해서 만들지만 드라이버로 노루발을 교체해야 하는 불편함이 있고, 원단이 두꺼운 경우엔 주름이 제대로 잡히지 않는다는 단점이 있어요.

이 책에서는 재봉틀을 이용하는 방법과 홈질을 이용하는 방법, 손으로 주름을 잡아주는 방법을 소개합니다.

재봉틀을 이용하는 방법

프릴은 사선 방향이나 푸서 방향으로 재단을 하면 예쁜 주름을 만들 수 있어요.

  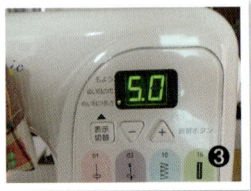 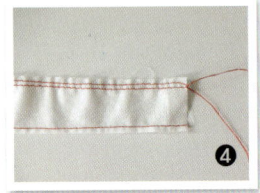

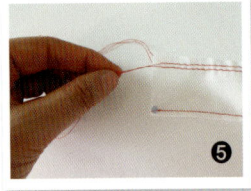  

❶ 주름을 잡아주는 쪽 반대쪽은 5㎜씩 두 번 접어 말아박기를 합니다.
❷ 윗실 장력을 낮게 조절합니다.
❸ 바늘땀은 가장 크게 만들어주세요.
❹ 5㎜ 간격으로 두 줄을 박음질해요. 실을 길게 빼서 서로 묶어주세요.
❺ 윗실만을 잡아 살살 당겨주면서 한손으로는 원단을 밀어주세요.
❻ 주름이 생기게 되면 골고루 펴서 원하는 길이의 프릴을 만듭니다.
❼ 원하는 길이가 되었으면 실을 묶어 고정합니다.

홈질로 주름 만들기

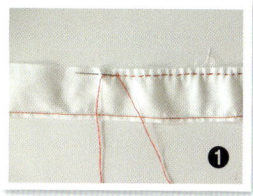 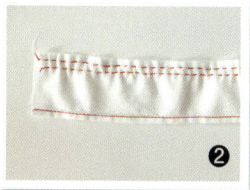 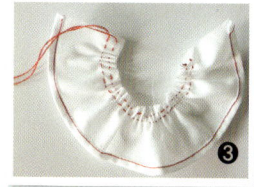 

❶ 밑단은 말아박기하고 윗부분에 홈질을 해주세요.
❷ 홈질은 5mm 간격으로 두 줄을 합니다.
❸ 한쪽 실을 잡아당겨 원하는 길이를 만듭니다.
❹ 실을 묶어 고정합니다.

손으로 주름 만드는 방법

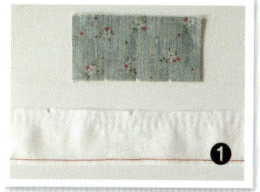 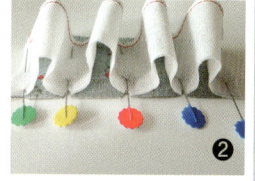 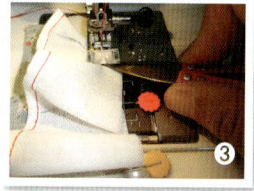 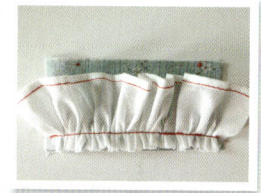

❶ 프릴을 달아줄 원단과 프릴에 같은 개수로 등분을 합니다.
❷ 원단과 프릴 끝에 시침핀을 꽂고 등분한 지점에도 시침핀을 꽂아주세요.
❸ 노루발을 내리고 바늘을 꽂아준 다음 쪽가위나 송곳으로 프릴을 밀어주면서 주름을 잡아가며 박음질합니다.
❹ 시접은 오버로크하고 원단 쪽으로 꺾어 다려주세요.
❺ 겉에서 2~3mm 간격으로 상침합니다.

주머니 달기

주머니는 옷의 완성도를 높여주고 밋밋한 부분에 멋을 낼 때도 요긴하게 사용되지요. 하지만 밑이 둥근 주머니는 모양을 잡아주기가 쉽지 않아요. 곡선을 예쁘게 박음질하는 방법을 소개합니다.

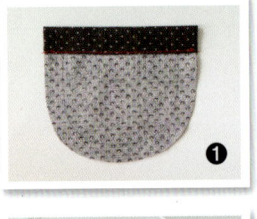   

 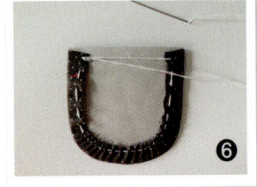  

❶ 주머니 입구는 두 번 접어 박음질합니다.
❷ 두꺼운 종이에 주머니본을 붙여 오려주세요. 두꺼운 종이는 아이들 과자상자나 포장상자를 이용하시면 좋아요.
❸ 주머니를 둘러 홈질을 해주세요. 명주실처럼 두꺼운 실로 하면 튼튼하고 좋아요.
❹ 주머니에 미리 만들어 놓은 두꺼운 주머니본을 끼워 넣고 실을 당겨 모양을 잡아주세요. 힘을 주고 당겨야 밑단 곡선이 예쁘게 살아난답니다.
❺, ❻ 남은 실은 반대쪽 시작점을 걸어 당겨서 고정하면 실이 빠지지 않고 모양도 흐트러지지 않아요.
❼ 다리미로 다리면 예쁜 곡선이 만들어져요. 실과 두꺼운 주머니본을 빼내세요.
❽ 원하는 위치에 올리고 주머니 입구를 제외한 부분을 박음질하면 완성이에요.

tip. 과자상자 등을 이용해서 주머니본을 만들 경우, 꼭 프린트가 되어 있는 면에 주머니본을 뜬 부직포나 종이를 붙여주셔야 되요. 그리고 다릴 때는 프린트가 없는 쪽으로 다려야 합니다. 프린트가 있는 곳을 다리면 다리미의 열에 의해 코팅이 눌어붙을 수 있어요.

재단하기

각 부분별 명칭

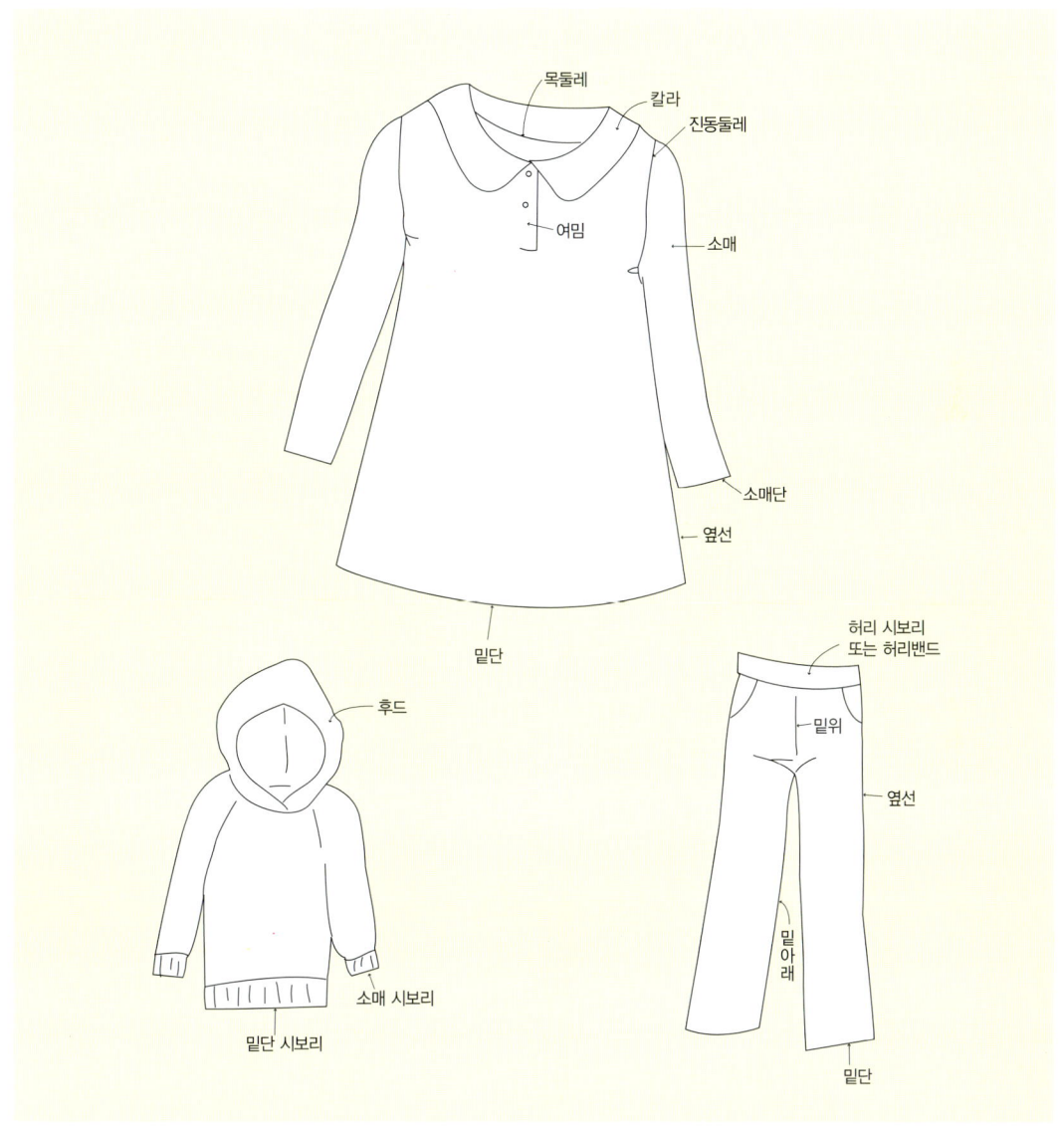

재단하기

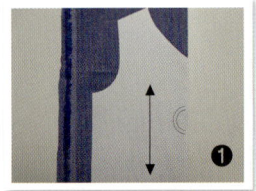 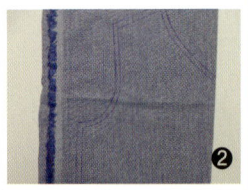  

❶ 원단을 식서 방향으로 접어주세요. 식서 방향에 맞게 접은 원단 위에 실물패턴을 원단의 접힌 부분과 골선표시 부분이 일치하도록 올려 놓습니다.
❷ 수성펜이나 초크, 또는 초자고를 이용해서 완성선과 시접을 표시해줍니다.
❸ 가위로 오려주세요.
❹ 대칭되는 재단이 완성되었습니다.

사선으로 처리된 밑단 재단하기

밑단이 사선으로 처리된 패턴의 경우 시접 재단을 잘 해야 밑단이 울지 않고 예쁘게 봉재를 할 수 있어요.

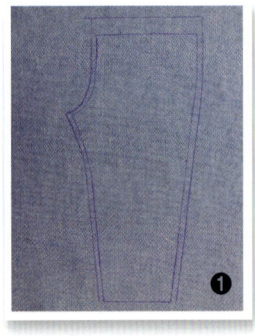 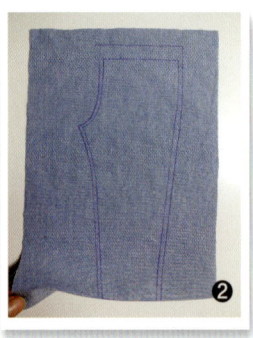 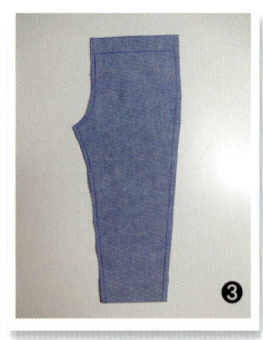 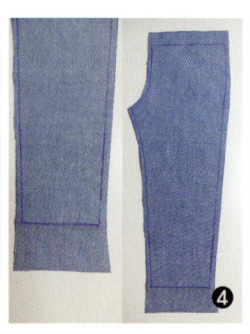

❶ 밑단 시접은 따로 그려주지 않고 시접양만 표시하고 끝선을 잘라줍니다.
❷ 밑단 시접을 접어 다림질을 해주세요. 완성선이 잘 보이게 하기 위해서 안쪽으로 접어 올려줍니다.
❸ 접은 상태에서 재단합니다.
❹ 밑단을 펼치면 사선으로 재단이 됩니다.

GomE's Easy-Sewing

곰이의 이지쏘잉이 만드는
우리 가족 이지룩 30

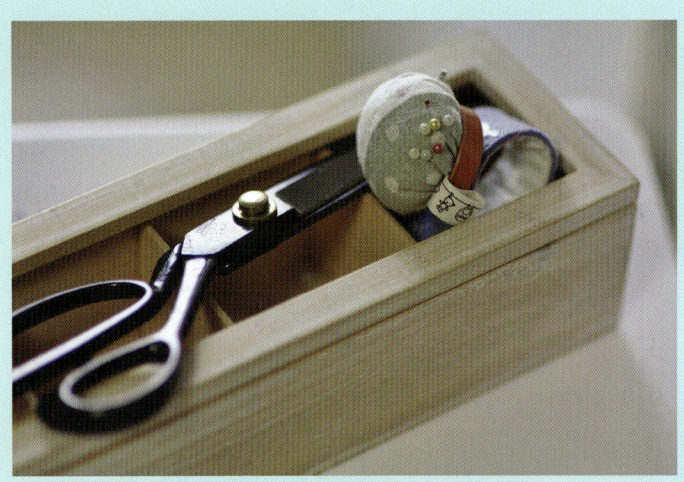

기본 반소매 티셔츠

여름에 가장 많이, 편하게 입을 수 있는 아이템이에요.
쌀쌀한 날씨에는 이너로 활용할 수 있고, 숏츠 팬츠나 스키니 팬츠와도
코디하기 좋은 기본 티셔츠에요.

기본 반소매 티셔츠(mom's) 만들기

➕ 준비하기

패턴 |
A-1(앞, 뒤, 소매(반소매), 바이어스, J-1(주머니))

원단소요량 |
1.5매(싱글다이마루 30수)

부재료 |
니트바늘 11호, 스판사, 끼움라벨

➕ 재단하기

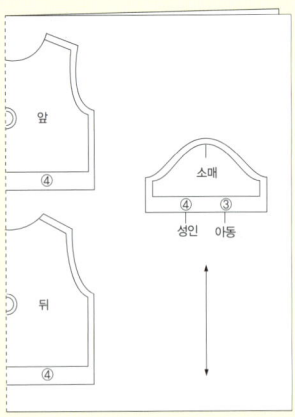

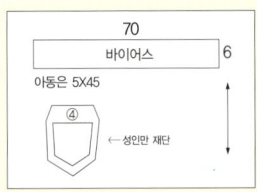

- 주머니 입구를 2cm씩 두 번 접어 다리고 박음질한다.
- 주머니 시접을 1cm 안으로 접어 넣어 다림질한다.

➕ 만들기

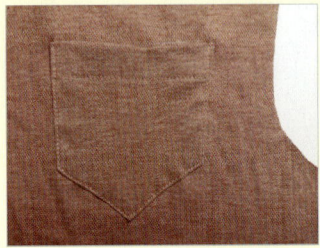

1 주머니를 달아준다.

2 앞판과 뒤판을 겉끼리 맞대고 한쪽 어깨만 박음질한 후 오버로크한다. 시접은 뒤쪽으로 넘긴다.

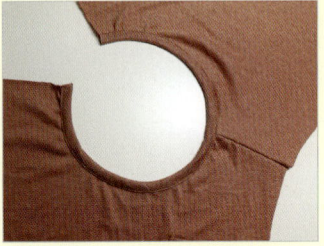

3 목둘레에 바이어스를 감싼다(기초바느질 참고).

4 나머지 한쪽 어깨를 박음질한다.

5 목라인 뒤쪽 시접을 5mm 남기고 잘라준다.

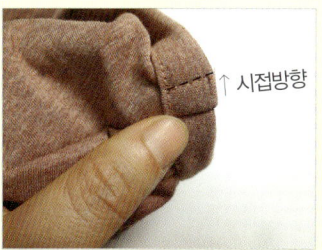

6 시접을 함께 모아 오버로크하고 뒤쪽으로 넘겨 살짝 눌러 박아 고정한다.

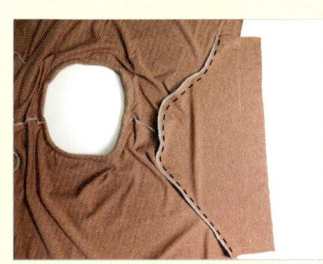

7 몸판과 소매를 겉끼리 맞대고 소매의 앞뒤를 잘 맞추어 진동둘레를 박음질한다. 시접은 함께 모아 오버로크한 후 몸판 쪽으로 넘긴다.

8 소매부터 옆선까지 한번에 박음질하고 시접을 함께 모아 오버로크하고 뒤쪽으로 넘겨준다. 소매단과 밑단을 2cm씩 두 번 접어 다려 박음질한다.

완성

기본 반소매 티셔츠

★ 함께 코디된 여자 하의는 '심플 숏팬츠' 입니다(p.118).

기본 반소매 티셔츠는 가장 흔하지만 조금만 신경써서 만들면
나만의 개성을 표현할 수 있어요.
심심한 느낌이 드는 곳에 라벨, 단추, 와펜, 전사지 등으로
포인트를 주는 것도 좋은 방법이에요.

기본 반소매 티셔츠(kid's) 만들기

✚ 준비하기

패턴 |
D-1(앞, 뒤, 소매(반소매), 바이어스)

원단소요량 |
1마(싱글다이마루 30수)

부재료 |
니트바늘 11호, 스판사

✚ 재단하기는 성인 기본 반소매 티셔츠 참조.

✚ 재단하기

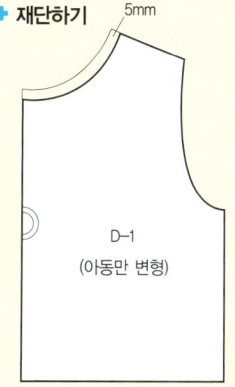

※ 패턴 변형 방법 소개 : 목둘레를 5mm 넓게 늘려줌(앞, 뒤판 모두).

✚ 만들기

만드는 방법은 성인 기본 반소매 티셔츠와 동일하다(p.42 참조).

주머니를 달지 않고 소매끝단을 1.5㎝씩 두 번 접어 박음질한다.

완성

스트라이프 원피스

기본 반소매 티셔츠의 길이를 늘려 만든 원피스.
입고 벗기가 쉬워서 자주 입게 되는 아이템이에요.
소매끝단에 고무줄을 넣어주면 귀여운 느낌을 줄 수 있어요.

스트라이프 원피스(kid's) 만들기

+ 준비하기

패턴
D-1(앞, 뒤, 소매(반소매), 바이어스)

원단소요량
1.5매(싱글다이마루 30수)

부재료
니트바늘 11호, 스판사

+ 재단하기

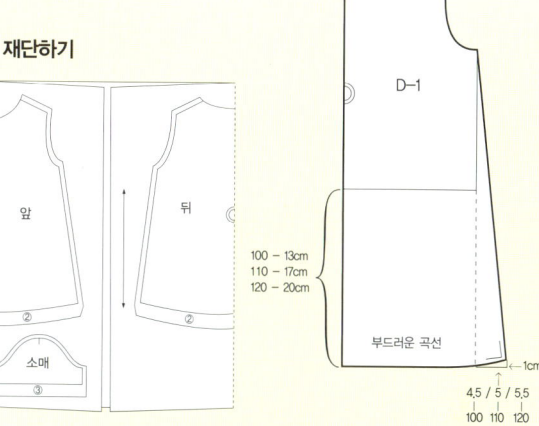

※ 패턴 변형 방법 소개 : 사이즈별로 표시된 숫자만큼 길이와 밑단을 늘리고 옆선과 밑단이 만나는 부분을 직각으로 처리한다. D-1패턴에서 목둘레를 5mm 늘려준다.

+ 만들기

만드는 방법은 기본 반소매 티셔츠와 동일하다 (p.46 참조).

밑단을 오버로크하고 2cm를 한 번만 접어 다린 후 박음질한다.

완성

 kid's

볼륨 소매 칼라 티셔츠

칼라가 달린 티셔츠는 깔끔하고 단정해요.
둥근 칼라와 볼륨 소매가 귀엽고 깜찍한 느낌을 준답니다.

볼륨 소매 칼라 티셔츠(kid's) 만들기

✚ 준비하기

패턴 |
D-1(앞, 뒤, 트임덧단), X-1(소매), 소매단, P-1(칼라), 목둘레 바이어스

소매단 길이 |
100 : 5X23, 110 : 6X24, 120 : 6X25

원단소요량 |
1마(싱글다이마루 30수, PK다이마루)

부재료 |
니트바늘 11호, 스판사, 접착심지 약간, 단추 2개, 꾸밈와펜이나 라벨

✚ 재단하기

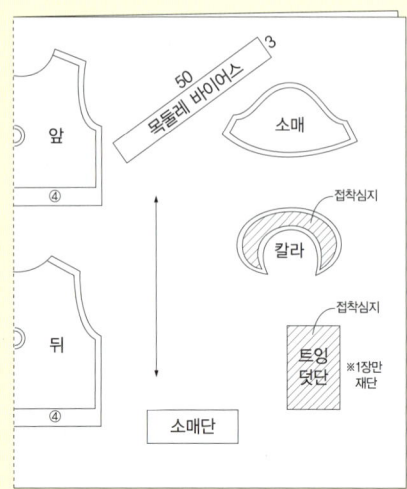

✚ 만들기

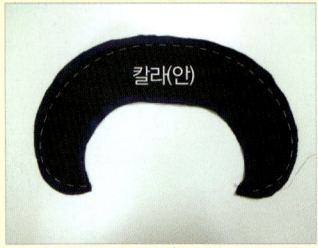

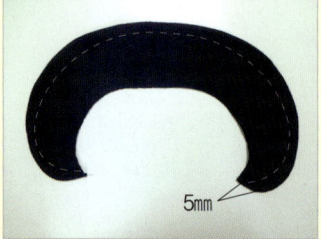

1 두 장의 칼라에 접착심지를 붙인다. 두 장의 칼라를 겉끼리 맞대고 칼라 둘레를 박음질한다.

2 칼라의 시접을 5mm만 남기고 잘라 낸다.

3 뒤집어 다려 겉에서 5mm 간격으로 상침한다.

※ 앞트임 만들기는 '앞단추 기본 티셔츠'와 동일함. 간략한 순서 설명으로 대체(자세한 설명은 '앞단추 기본 티셔츠' 설명서 참고).

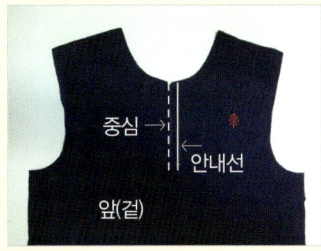

4 원하는 위치에 와펜을 달고 앞판 중심에서 오른쪽으로 1cm 떨어진 곳에 안내선을 그린다.

5 덧단에 접착심지를 붙이고 안내선을 그려 몸판 안내선에 겹쳐 올린다.

6 바늘땀을 작게 해서 안내선을 둘러 박음질한다.

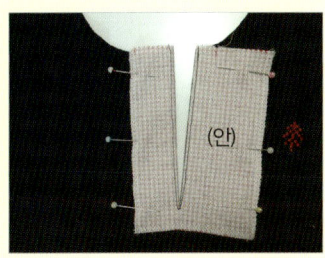
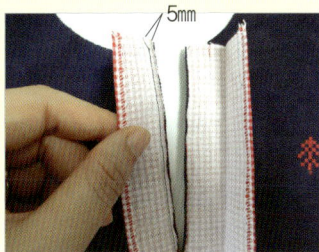

7 가위로 박음질선이 잘리지 않도록 조심하면서 안내선을 자른다.

8 덧단의 끝은 5mm씩 접어 다린다.

9 오른쪽 덧단을 박음질선까지 접어 다린다.

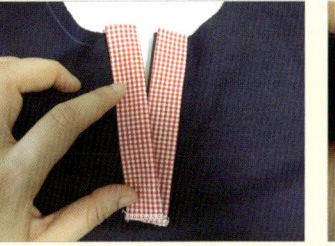

10, 11 덧단을 안쪽으로 밀어 넣어주면 오른쪽 덧단이 왼쪽 덧단을 덮어주게 된다.

12 덧단으로 트임시접을 감싸준다.

13 덧단 끝 시접은 함께 모아 오버로크한다.

14 목둘레에 맞게 덧단을 자른다.

15 만들어 놓은 칼라를 앞판 중심에 끝을 맞춰 목둘레에 시침핀으로 고정한다.

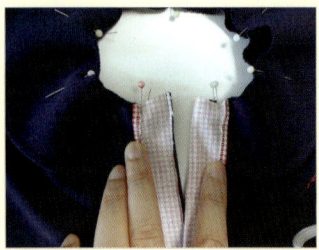

16 안으로 밀어 넣었던 덧단을 겉으로 접어 칼라 위를 덮는다.

17 덧단으로 칼라를 덮은 상태로 둘러 박음질한다.

18 목둘레 바이어스를 길이로 삼등분해서 접어 다린다.

19 칼라 위에 바이어스를 덮어 1cm 간격으로 둘러 박음질한다.

20 목둘레 시접을 5mm만 남기고 자른다.

21 덧단을 뒤집으면 바이어스가 덧단 안으로 들어가게 되고, 바이어스로 목 시접을 감싸 박음질한다.

22 덧단을 상침한다.

23 몸판의 겉과 소매의 겉을 맞대고 진동둘레를 박음질한다. 시접은 함께 모아 오버로크하고 몸판 쪽으로 넘긴다.

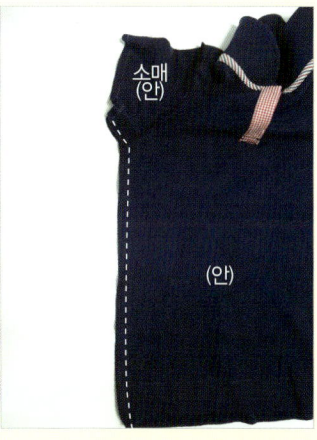

24 소매부터 옆선까지 한번에 박음질한다. 시접은 함께 모아 오버로크하고 뒤쪽으로 넘긴다.

25 소매 끝에 두 줄로 홈질을 해서 주름을 잡아준다.

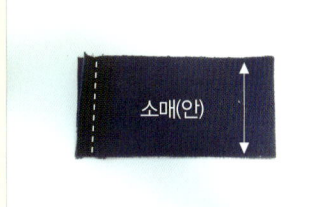

26 소매단의 겉을 맞대고 식서 방향으로 반을 접어 박음질한다.

27 시접을 가름솔하고 겉이 밖으로 나오도록 푸서 방향으로 반을 접어 시보리(원통형) 모양을 만든다.

28 주름 잡은 소매 끝에 소매단을 끼워 넣고 둘러 박음질한 후 오버로크한다.

29 트임에 단춧구멍을 내고 단추를 달아 완성한다.

완성

앞단추 기본 티셔츠

기본 티셔츠는 어떤 코디에도 훌륭하게 매치되기 때문에
몇 벌쯤 가지고 있어도 좋아요.
편하면서도 깔끔한 느낌의 아이템이랍니다.

앞단추 기본 티셔츠(kid's) 만들기

+ 준비하기

패턴
D-1(앞, 뒤, 소매, 트임덧단, 바이어스)

원단소요량
1마(싱글다이마루 30수)

부재료
니트바늘 11호, 스판사, 아사접착심지, 단추 2개

+ 재단하기

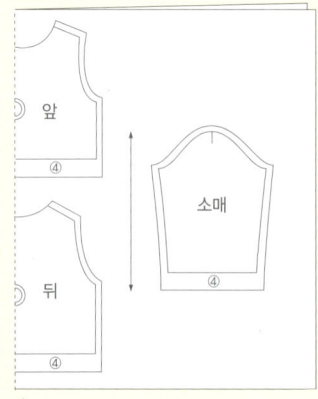

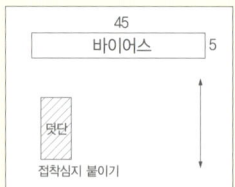

+ 만들기

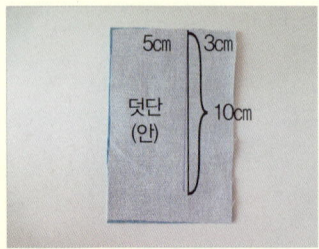

1 덧단의 안쪽에 접착심지를 붙여주고 오른쪽에서 3cm 되는 지점에 세로 10cm의 안내선을 그린다.
※ 여아는 왼쪽에서 3cm 지점

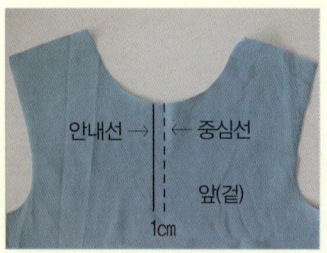

2 앞의 중심에서 왼쪽으로 1cm 떨어진 곳에 10cm의 세로 안내선을 그린다.
※ 여아는 오른쪽
• 100, 110 사이즈 - 9cm
• 120 사이즈 - 10cm

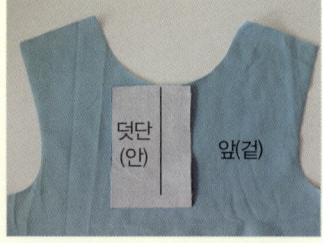

3 앞쪽에 그려놓은 안내선과 덧단에 그려진 안내선이 일치하도록 포개어 놓는다. 이때 앞과 덧단은 겉끼리 맞대어져야 한다.

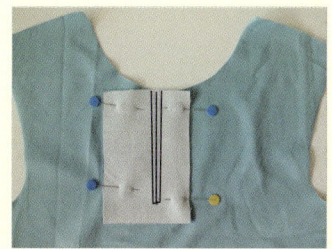

4 그려놓은 안내선 둘레에서 2mm 정도 떨어진 박음질선을 그려준다.

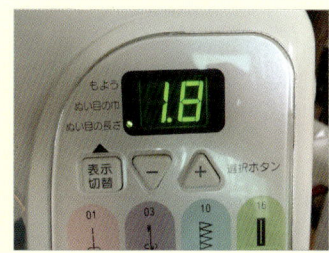

5 바늘땀을 아주 작게 해서 박음질을 따라 박음질한다.

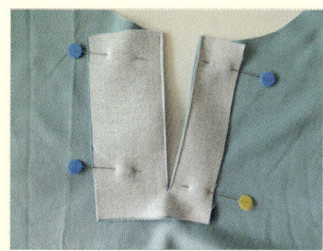

6 조심스럽게 안내선을 잘라준다. 이때 박음질한 선이 잘리지 않도록 조심해야 한다.

7 덧단의 양쪽 끝을 5mm 접어 다려준다.

8 왼쪽 덧단을 박음질선까지 접어 다린다.

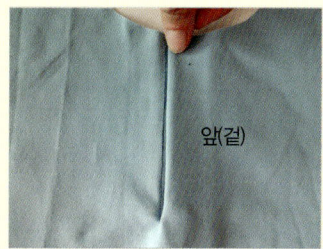

9 덧단을 안쪽으로 밀어 넣어주면 왼쪽 덧단이 아랫쪽으로, 오른쪽 덧단이 윗쪽을 덮게 된다.

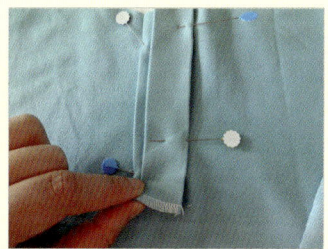

10 안쪽에서 본 모습이다. 트임 박음질선을 감싸서 보이지 않는다.

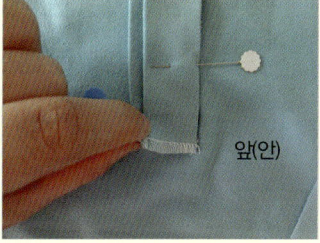

11 덧단의 끝은 함께 모아 오버로크를 한다.

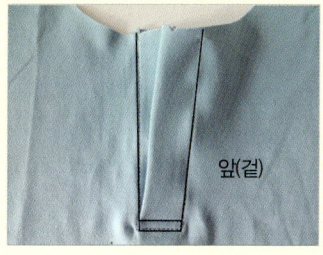

12 트임을 겉에서 상침한다.

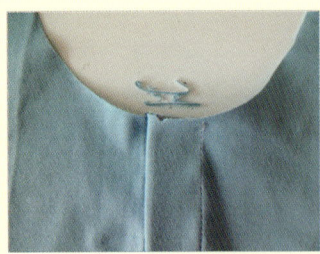

13 목 라인에 튀어나온 덧단은 목 라인에 맞게 잘라낸다.

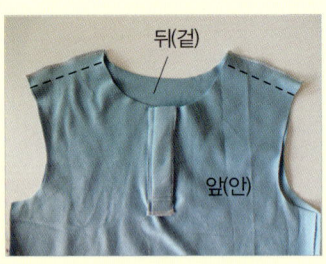

14 앞과 뒤를 겉끼리 맞대고 어깨를 박음질한다. 시접은 함께 모아 오버로크하고 뒤쪽으로 넘긴다. 목둘레에 트임 바이어스를 한다. 트임 바이어스하는 방법은 기초바느질(p.28)을 참고한다.

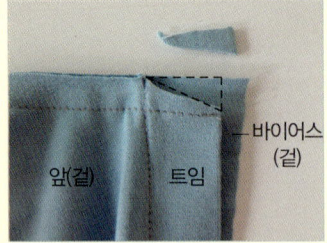

15 목 트임이 두꺼워지는 것을 방지하기 위해 바이어스로 끝처리를 하기 전에 위의 사진처럼 트임단의 목 라인을 살짝 잘라주고 트임이 있는 바이어스 처리를 한다(바이어스는 자르지 않는다).

16 바이어스 처리가 완성된 모습.

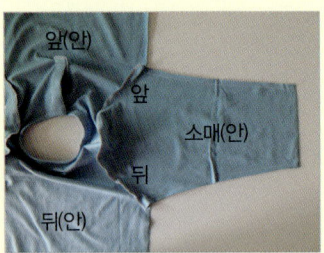

17 소매의 앞과 뒤를 잘 맞추어 몸판의 겉과 소매의 겉을 맞대고 시침핀으로 고정한 후 진동둘레를 박음질한다. 시접은 함께 모아 오버로크하고 몸판쪽으로 꺾어준다.

18 소매를 길이로 반을 접고 앞과 뒤를 겉끼리 맞대고 소매부터 옆선까지 한번에 박음질한다. 시접은 오버로크 후 뒤판 쪽으로 넘긴다.

19 손목을 2cm씩 두 번 접어 둘러 박음질한다.

20 밑단도 손목과 동일하게 접어서 박음질한다.

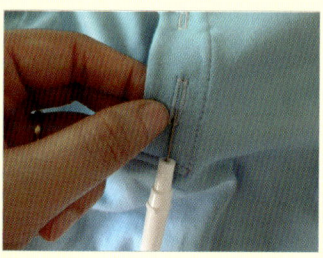 

21 트임에 단춧구멍을 낸다. 접착심지를 붙였기 때문에 단춧구멍 만들기가 수월하다.

22 단추를 달아 완성한다.

완성

앞단추 기본 티셔츠

기본 티셔츠이지만 앞 여밈을 만들고 단추를 달아주었어요.
단추에 포인트를 주면 분위기가 달라지는 재미가 있습니다.

앞단추 기본 티셔츠(mom's) 만들기

✚ 준비하기

패턴
A-1(앞, 뒤, 소매, 트임덧단, 바이어스)

원단소요량
1.5마(싱글다이마루 30수)

부재료
니트바늘 11호, 스판사,
아사접착심지 조금, 단추 3개

✚ 재단하기

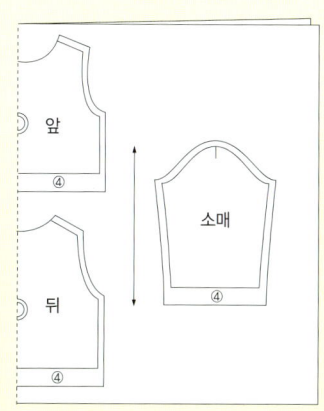

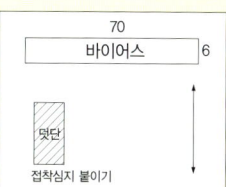

✚ 만들기

만드는 방법은 아동용 앞단추 기본 티셔츠와
동일하다(p.60 참조).

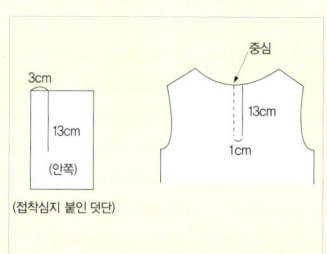

성인용은 덧단과 앞판에 안내선을 13cm로
그려준다.

완성

체크 셔츠

셔츠는 과정이 다소 복잡하고 손이 많이 가는 옷이에요.
하지만 한번 만들어 보면 쉽게 익힐 수 있을 거예요.
사계절 내내 요긴하게 입을 수 있기 때문에
활용도가 높은 패턴이랍니다.

체크 셔츠(kid's) 만들기

+ 준비하기

패턴 |
D-2(앞, 뒤-1, 뒤-2, 소매, 칼라, 칼라밴드, 손목커프스)

원단소요량 |
1.5마(면 30수, 해지, 아사, 리넨)

부재료 |
단추 9개, 접착심지 약간, 바늘 11호, 재봉사

+ 재단하기

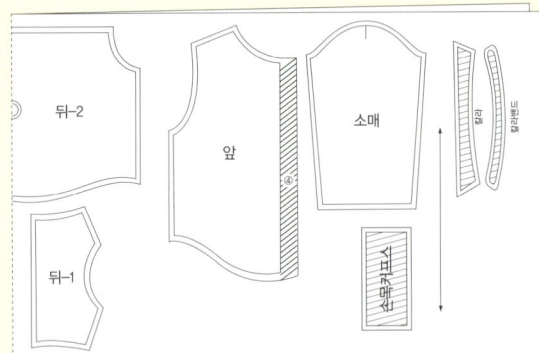

> **바느질 Tip**
> 둥근 곡선을 말아박기하려면
> 쉬운 일이 아닙니다.
> 셔츠밑단 등을 예쁘게 말아박기
> 하는 방법을 소개할게요.

❶ 둥근 곡선 시접 끝에 오버로크를 한다. ❷ 오버로크 폭만큼 접어 박음질하고 다려 준다. ❸ 접어 다린 폭만큼 다시 한 번 접어 박음질한다. ❹ 다리미로 잘 다려 준다.

+ 만들기 칼라, 칼라밴드, 손목커프스, 앞판여밈시접에 접착심지를 붙인다.

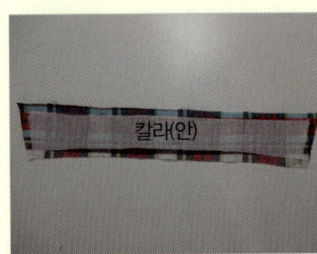  

1 칼라를 겉끼리 맞대고 박음질한다. **2** 시접을 5mm만 남기고 잘라내고 뒤집어 다리고 겉에서 5mm 간격으로 상침한다. **3** 칼라밴드 2장 중 1장의 아래 시접을 1cm 안으로 접어 다린다.

4 칼라밴드 사이에 칼라를 넣어준다.

5 칼라밴드를 박음질한다.

6 시접을 5mm만 남기고 잘라낸다.

7 뒤집어 다려준다.

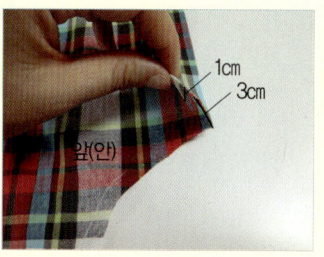

8 앞판 여밈 시접을 1cm 한 번, 3cm 한 번을 안으로 접어 다려준다.

9 접은 시접을 박음질한다.

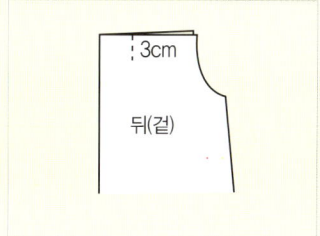

10 뒤-2를 겉끼리 맞대고 세로로 반 접어 중심에서 3cm까지 박음질한 후 주름을 펼쳐준다.

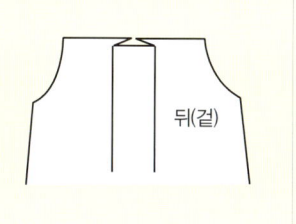

11 뒤-1과 뒤-2를 겉끼리 맞대어 박음질한 후 시접을 함께 모아 오버로크 한다. 시접을 뒤-1 쪽으로 꺾어 겉에서 얇게 상침한다.

12 어깨를 박음질한다. 시접을 함께 모아 오버로크하고 뒤판 쪽으로 넘겨 얇게 상침한다.

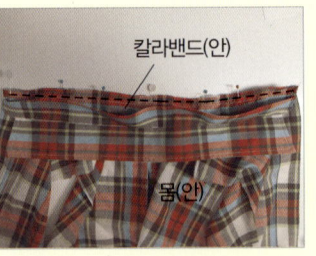

13 몸판의 목라인 안쪽에 칼라밴드 2장 중 1cm를 접어 다리지 않은 부분을 박음질한다.

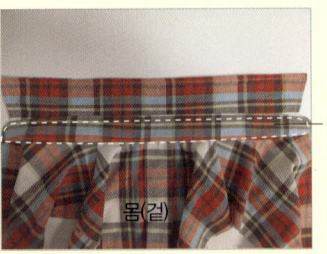

14 목시접을 칼라밴드로 감싸 겉에서 상침한다.

15 소매 옆선을 오버로크한다.

16 몸판 옆선도 오버로크한다.

17 몸판의 겉과 소매의 겉을 맞대고 소매의 앞뒤를 잘 맞춰서 박음질하고 시접은 함께 오버로크한 후 몸판 쪽으로 넘긴다.

18 소매의 트임끝 표시부터 옆선까지 한번에 박음질한다.

 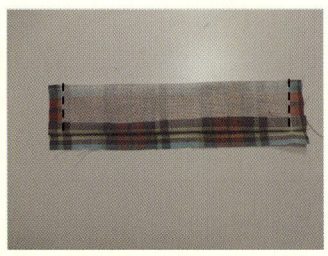 

19 소매시접을 가름솔하고 트임시접을 ㄷ자로 박음질한다.

20 커프스의 한쪽 시접을 1cm 안으로 접어 다리고, 길이로 반을 접어 옆선을 박음질한다. 뒤집어 다린다.

21 소매단 안쪽에 커프스의 접지 않은 겉을 맞대고 박음질한다(목부분 칼라밴드 처리와 동일).

22 시접을 커프스 안으로 집어넣고 겉에서 상침한다.

23 커프스와 앞판 여밈 부분에 단춧구멍을 내고 단추를 달아 완성한다.

완성

화이트 셔츠

셔츠는 여러가지 표정을 가지고 있어요.
화이트는 깔끔하고 정돈된 느낌,
청지는 자유롭고 반항적인 느낌.
체크는 활동적이고 상큼한 느낌.
같은 패턴이지만 다른 느낌으로 만들 수 있는
매력적인 아이템입니다.

화이트 셔츠(mom's) 만들기

✚ 준비하기

패턴 |
A-2 실선재단(앞, 뒤-1, 뒤-2, 소매, 칼라, 칼라밴드, 손목커프스)

원단소요량 |
2매(면 30, 40, 60수, 해지 등)

부재료 |
바늘 11호, 재봉사, 단추 9~10개, 접착심지 약간

✚ 재단하기

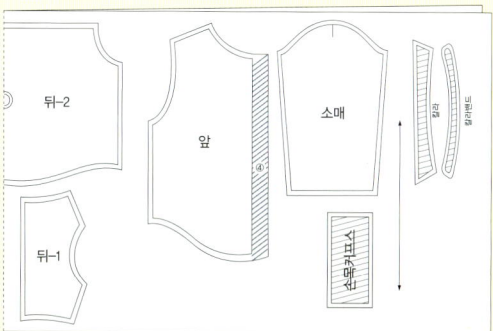

✚ 만들기

만드는 방법은 아동 체크 셔츠와 동일하다(p.70 참조).

완성

 kid's

셔츠 미니원피스

셔츠에 스커트를 달아 귀여운 느낌을 살린 미니원피스입니다.
예쁜 꽃무늬 원단으로 만들면 한결 사랑스러워요.

셔츠 미니원피스(kid's) 만들기

✚ 준비하기

패턴
D-2(앞, 뒤-1, 뒤-2, 소매, 칼라, 칼라밴드)
Y-1(스커트 앞, 뒤)

원단소요량
1.5마(면30수, 해지, 아사 등)

부재료
단추 8~9개, 접착심지 약간, 바늘 11호, 재봉사

✚ 재단하기

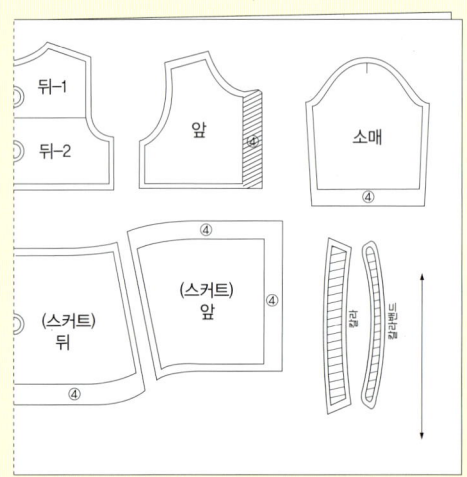

※ **패턴 변형 방법 소개** : D-2의 뒤-1과 뒤-2를 붙이고 뒤-2의 주름분을 없애준다. 앞, 뒤의 길이는 진동아래 사이즈별 표시된 ㎝만큼 남기고 잘라준다. 소매길이도 표시된 ㎝만큼 줄여준다.

진동아래★ - 100:6㎝ / 110:8㎝ / 120:10㎝
소매길이 줄이기◆ - 100:6㎝ / 110:8㎝ / 120:10㎝

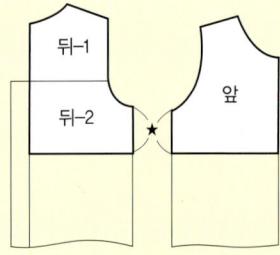 

+ 만들기

1 뒤판 스커트에 주름을 잡아 뒤와 겉끼리 맞대고 박음질한다.

2 시접은 함께 모아 오버로크한 후 몸판 쪽으로 넘겨 다림질하고 겉에서 얇게 상침한다.

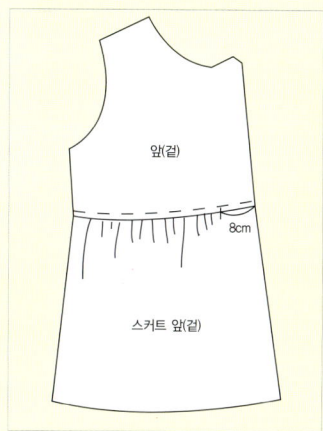 

3 앞판도 뒤판과 동일하게 스커트를 연결하나 앞 여밈에서 8㎝를 띄우고 주름을 잡는다. 시접은 함께 모아 오버로크한 후 몸판 쪽으로 넘겨 다리고 겉에서 얇게 상침한다.

4 나머지 만드는 방법은 아동 체크 셔츠와 동일하나 소매는 커프스를 달지 않고 2㎝씩 두 번 접어 박음질한다. 밑단도 2㎝씩 두 번 접어 박음질한다.

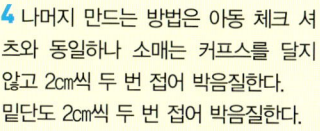

완성

 mom's

리넨 조끼

어깨의 단추가 귀여운 리넨 조끼.
앞, 뒤의 길이를 다르게 해서 옆모습이 예뻐요.
뱃살과 엉덩이를 효과적으로
가려주는 베스트 아이템입니다.

리넨 조끼(mom's) 만들기

+ 준비하기

패턴
C-2 조끼라인(앞, 뒤, 안단, 조끼밑단)

원단소요량
1마~1.5마(리넨)

부재료
바늘 11호~14호, 재봉사, 단추 4개

+ 재단하기

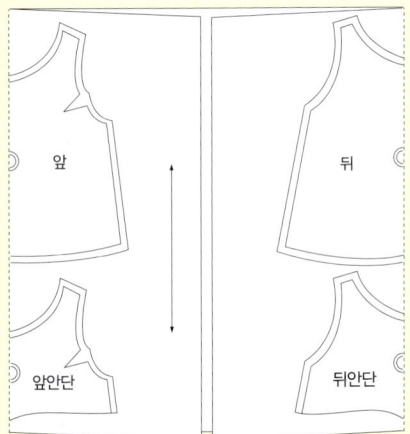
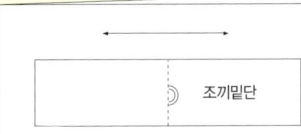

+ 만들기

1 앞, 뒤 안단의 옆선과 밑선을 오버로크한다.

2 앞, 뒤판의 옆선을 오버로크한다.

3 앞판과 앞안단을 겉끼리 맞대고 박음질한다(뒤판도 동일하게 박음질한다). 시접을 5mm 남기고 자른 후 곡선에 가위집을 넣는다. 뒤집어 다림질한다.

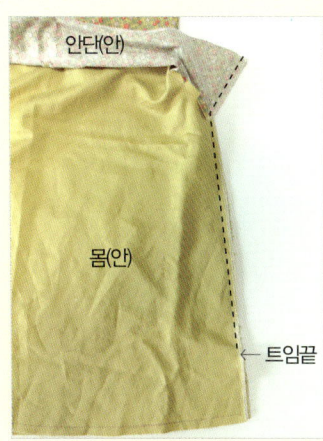

4 앞판과 뒤판을 겉끼리 맞대어 놓고 안단을 들어올려 안단끼리 옆선의 겉을 맞대고, 안단부터 앞뒤판 옆선 트임까지 한번에 박음질한다. 시접을 가름솔 하여 다린다.

5 옆 트임 시접을 ㄷ자로 박음질한다.

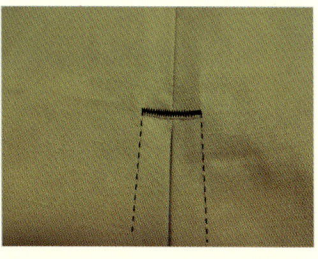

6 트임끝은 촘촘한 지그재그로 마무리하면 튼튼하다.

7 밑단에 홈질로 주름을 잡아준다(앞뒤판 모두).

8 조끼밑단을 식서 방향으로 겉끼리 맞대고 반을 접는다. 한쪽 끝을 안쪽으로 1cm 접어 다려준다. 양끝을 1cm 간격으로 박음질한 후 뒤집어 다려준다.

9 뒤집어 다려준다.

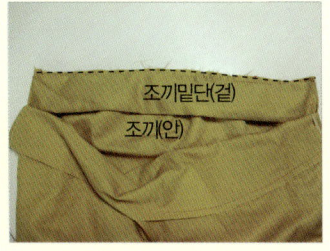

10 주름잡아진 몸판밑단의 안쪽에 조끼밑단(접어올리지 않은 쪽)의 겉을 맞대고 박음질한다.

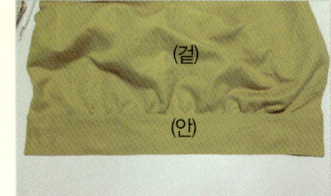

11 조끼밑단을 몸판의 겉으로 넘겨 몸판밑단 시접을 조끼밑단 안에 넣어 겉에서 상침한다(앞,뒤 모두).

12 뒤판의 어깨에 단춧구멍을 내고 앞판 어깨에 단추를 달아 완성한다.

해지 롱셔츠

화이트 셔츠에 앞 절개를 주어 품과 길이를 늘렸어요.
허리아래 주름이 사랑스럽습니다.

해지 롱셔츠(mom's) 만들기

➕ 준비하기

패턴 |
A-2(앞(점선재단), 앞스커트, 뒤-1, 뒤-2(점선재단), 소매, 칼라, 칼라밴드, 손목커프스

원단소요량 |
2마(30, 40수 해지)

부재료 |
바늘 11호, 14호, 재봉사, 접착심지, 단추 6~8개

➕ 재단하기

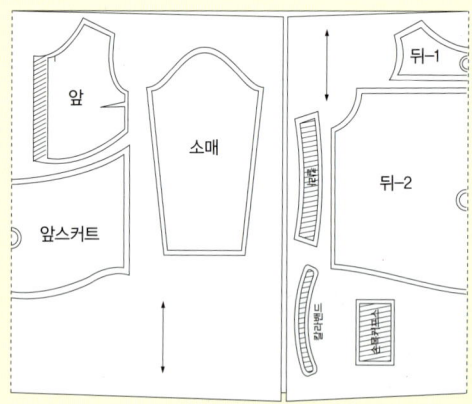

※ 재단배치도를 잘 보고 재단하세요.

+ 만들기

1 칼라, 칼라밴드, 손목커프스, 앞트임 낸단에 접착심지를 붙인다.

2 뒤-2에 주름을 잡아 뒤-1과 겉을 맞대고 박음질한다. 시접은 오버로크하고 뒤-1 쪽으로 넘겨 다려 겉에서 얇게 상침한다.

3 앞의 트임낸단을 안쪽으로 1cm 접고 3cm를 다시 접어 다리고 박음질한다. 오른쪽 낸단이 위로 가도록 3cm를 겹쳐 시침핀으로 고정한다.

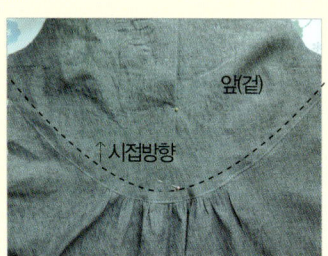

4 앞스커트에 주름을 잡아 앞과 겉끼리 맞대고 박음질한다. 시접은 오버로크 하고 위쪽으로 넘겨 다려 겉에서 얇게 상침한다. 나머지 만드는 방법은 아동 체크 셔츠와 동일하다.

완성

후드 티셔츠

라운드 티셔츠에 목 시보리 대신 후드를 달아 경쾌한 느낌을 준 후드 티셔츠예요.
캐주얼하게 코디하는 모든 하의에 훌륭하게 매치되는 매력적인 옷으로
패밀리룩으로도 좋은 아이템입니다.

후드 티셔츠(family's) 만들기

+ **준비하기**

패턴 |
남 A-4, 여 A-3, 아동 D-3
(앞, 뒤, 소매, 후드, 주머니, 밑단 시보리, 손목 시보리)

원단소요량 |
아동 1마 ~ 1.5마, 성인 2마 ~ 2.5마(쭈리, 미니쭈리, 기모쭈리)

부재료 |
니트바늘 14호, 스판사, 스트링 1마

+ **재단하기**

바느질 Tip
주머니를 재단할 때
시접을 주는 방법이에요.

   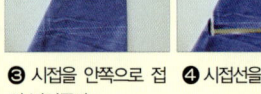

❶ 원단의 반을 접어 주머니 완성선을 그리고 시접도 그려준다.
❷ 손을 넣는 부분의 시접선을 길게 잘라내고,
❸ 시접을 안쪽으로 접어 넣어준다.
❹ 시접선을 재단한다.

❺ 시접의 모양이 위의 사진과 같으면 완성.
❻ 펼치면 대칭이 된다.

+ 만들기

1 주머니의 손 넣는 입구를 오버로크 한다.

2 주머니 입구를 2cm 접어 다려 두 줄로 상침한다.

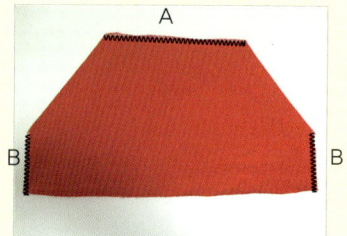

3 주머니의 A와 B부분을 오버로크한다. A와 B부분을 1cm씩 접어 다린다.

4 앞판의 겉에 주머니 위치를 잡고 주머니를 달아준다.

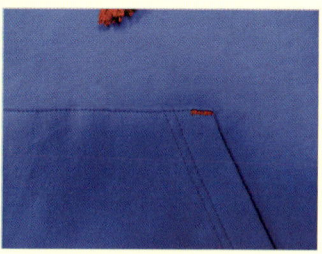

5 너치를 넣어주면 예쁘다.

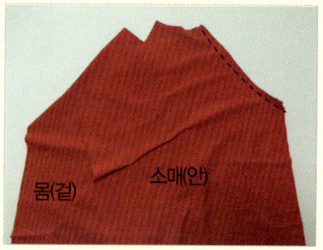

6 앞판의 겉과 소매의 겉을 맞대고 소매를 이어준다. 이때 소매의 앞과 뒤를 잘 구분하여 연결한다.

7 위 사진은 펼쳤을 때의 모습.

8 위와 같은 방법으로 앞판과 뒤판, 소매를 연결하고 시접을 함께 모아 오버로크한다.

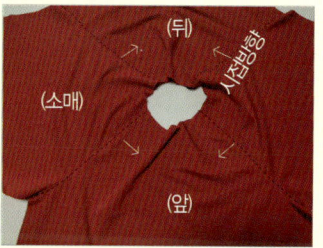

9 시접을 몸판 쪽으로 넘겨 다리고 겉에서 색실을 이용해 홈질로 스티치를 넣어준다.

10 패턴에 표시된 위치대로 후드의 겉감에 스트링을 넣어줄 단춧구멍을 만들어 뚫어준다. 단춧구멍을 낼 때에는 아랫쪽에 접착 심지를 붙여주거나 종이를 깔고 작업하면 용이하다. 아일렛을 이용해도 좋다.

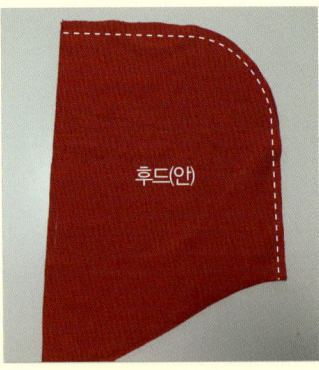

11 후드의 겉감을 겉끼리 맞대고 박음질한다. 안감도 동일하게 박음질한다.

12 시접을 한쪽으로 넘기고 겉에서 5㎜ 간격으로 상침한다. 안감은 시접을 겉감과 반대 방향으로 넘겨 상침한다.

13 후드의 안감과 겉감을 겉끼리 맞대고 입구를 박음질한다.

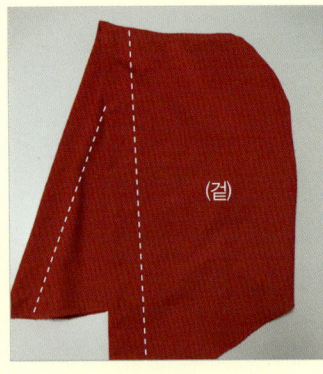

14 후드를 뒤집어 다림질하고 스트링이 들어갈 길을 아동 2㎝ 성인 2.5㎝ 간격으로 상침한다.

15 몸판의 목둘레(겉)에 후드(겉)를 맞대고 달아준다. 뒤판의 중심과 후두의 봉재선을 맞추고 앞판의 중심과 후드의 앞중심을 맞춰 박음질한다.

16 그렇게 하면 후드의 앞이 겹치게 된다.

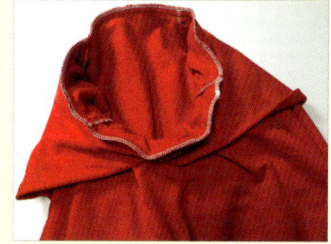

17 시접은 오버로크한다.

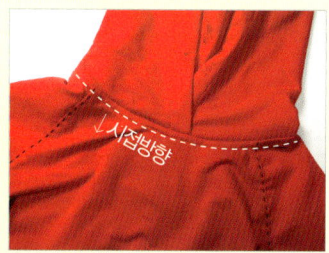

18 시접을 몸판 쪽으로 넘겨 다려주고 겉에서 5mm 간격으로 상침한다.

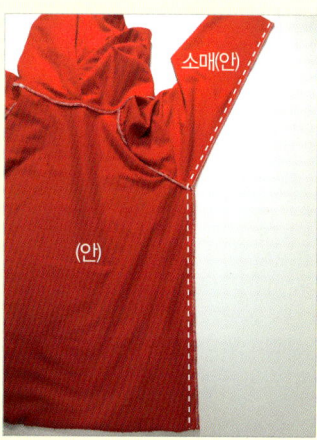

19 소매와 몸판의 옆선을 한번에 박음질한다.

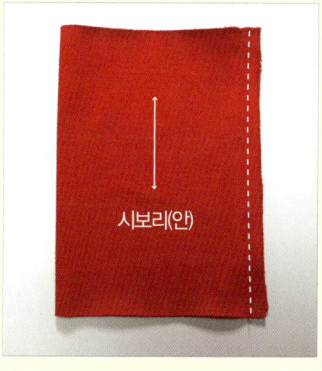

20 소매 시보리를 겉끼리 맞대고 반을 접어 식서 방향으로 박음질한다.

21 시접을 가름솔하고 푸서 방향(식서 반대)으로 반을 접어준다.

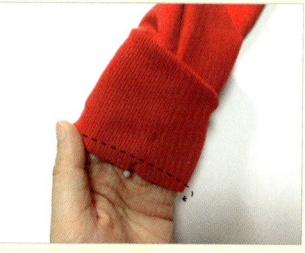

22 소매의 겉에 시보리를 끼우고 둘러 박음질한다. 시접은 함께 모아 오버로크한다.

23 몸판의 밑단에도 시보리를 달아준다.

24 후드의 단춧구멍으로 스트링을 끼워 완성한다.

완성

반소매 후드 티셔츠

가족 후드 티셔츠의 소매를 줄여 만든 반소매 후드 티셔츠.
스포티한 느낌으로 모든 하의에 훌륭하게 매치되는
매력적인 옷이에요.

★ 함께 코디된 팬츠는 '심플 숏팬츠' 입니다(p.118).

반소매 후드 티셔츠(kid's) 만들기

✚ 준비하기

패턴
아동D-3(앞, 뒤, 반소매라인, 후드, 주머니, 밑단 시보리, 반소매 시보리)

원단소요량
1마(쭈리, 미니쭈리)

부재료
니트바늘 14호, 스판사, 스트링 1마

✚ 재단하기

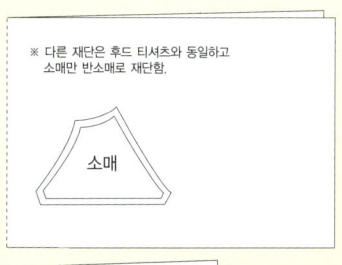

※ 다른 재단은 후드 티셔츠와 동일하고 소매만 반소매로 재단함.

소매

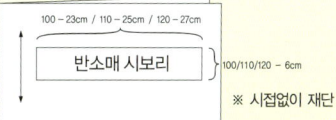

100 - 23cm / 110 - 25cm / 120 - 27cm

반소매 시보리   100/110/120 - 6cm

※ 시접없이 재단

바느질 Tip
쭈리 원단처럼 안쪽에 고리 모양의 파일이 있는 경우엔 파일 방향을 맞춰 재단하는 것이 좋아요.

✚ 만들기
만드는 방법은 가족 후드 티셔츠 만들기와 동일하다(p.92 참조).

완성

 kid's

슬림 팬츠

적당히 슬림한 팬츠는 어떤 상의와도 잘 어울려요.
아이가 불편하지 않도록 스판성이 있는 원단으로
만드는 것이 좋아요.

★ 함께 코디된 상의는 '앞단추 기본 티셔츠' 입니다(p.60).

슬림 팬츠(kid's) 만들기

+ 준비하기

패턴 |
E-2(앞, 뒤-1, 뒤-2,
뒷주머니뚜껑, 모양주머니, 허리 시보리)

원단소요량 |
1매(면트윌스판)

부재료 |
바늘 14호, 코아사, 시보리 약간, 3cm 고무줄, 단추 2개

+ 재단하기

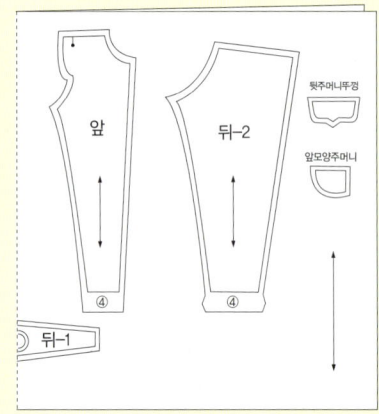

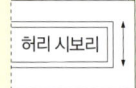

바느질 Tip
몸에 딱 맞게 디자인된 옷은 활동성이 좋지 않아 아이들이 불편해 할 수 있어요. 스판성이 있는 면트윌 원단으로 만들면 편하고 예쁘게 입을 수 있답니다.

+ 만들기

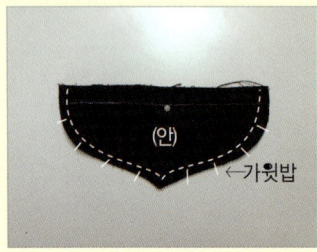 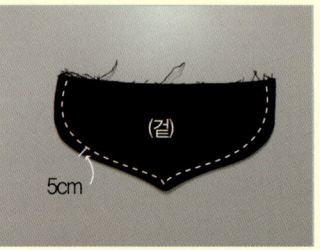 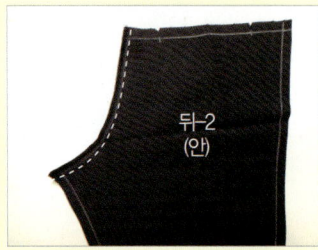

1 주머니뚜껑 두 장을 겉끼리 맞대고 박음질한다. 시접을 5mm만 남기고 자른 후 곡선에는 가윗밥을 넣는다.

2 뒤집어 다리고 5mm 간격으로 상침한다.

3 뒤-2을 겉끼리 맞대고 밑위를 박음질 하고 시접은 함께 모아 오버로크한다.

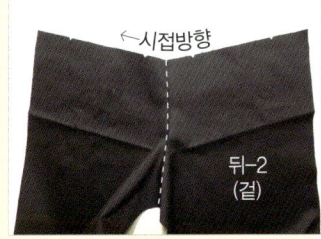

4 겉에서 볼 때 시접을 왼쪽으로 넘기고 (여아는 오른쪽) 겉에서 얇게 상침한다.

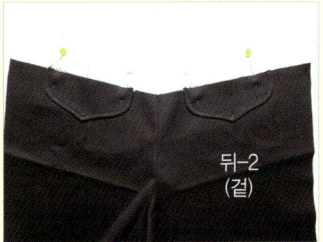

5 주머니뚜껑을 뒤판 위치에 올리고 핀으로 고정한다.

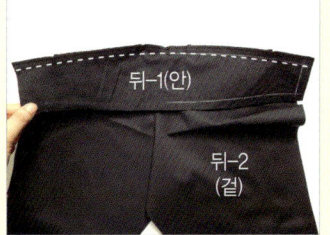

6 뒤-1을 뒤-2와 겉끼리 맞대고 박음질한다.

7 시접은 오버로크하고 뒤-1쪽으로 넘겨 다리고 두 줄로 상침한다.

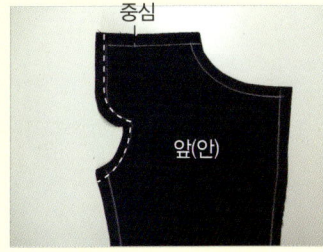

8 앞판을 겉끼리 맞대고 모양지퍼와 밑위를 박음질한다.

9 시접에 가윗밥을 넣어주고 함께 모아 오버로크한다.

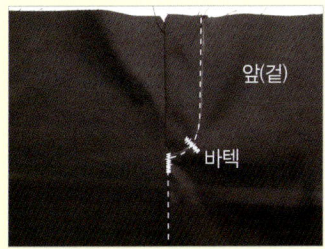

10 중심을 맞추어 시접을 겉에서 볼 때 오른쪽으로 넘기고(여아는 왼쪽), 겉에서 지퍼 모양으로 박음질한다. 폭이 좁은 지그재그 재봉을 이용해 바텍 처리를 한다.

11 모양주머니를 몸판과 겉끼리 맞대고 박음질한다.

12 시접에 촘촘하게 가윗밥을 넣는다.

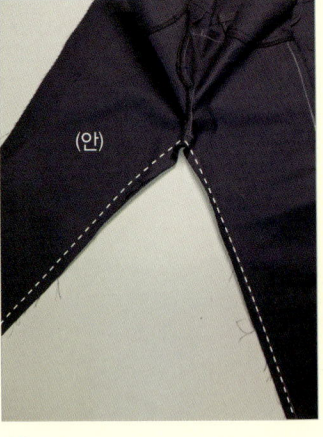

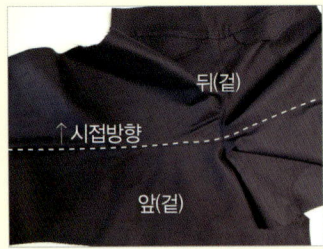

13 시접을 함께 모아 오버로크하고 몸판 쪽으로 넘겨 겉에서 두 줄로 상침한다.

14 앞판과 뒤판을 겉끼리 맞대고 밑아래를 박음질한다.

15 시접을 함께 모아 오버로크하고 뒤판 쪽으로 넘겨 겉에서 얇게 상침한다.

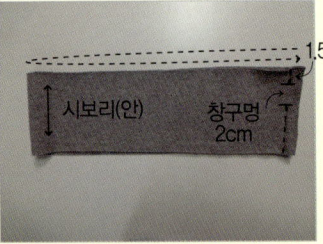

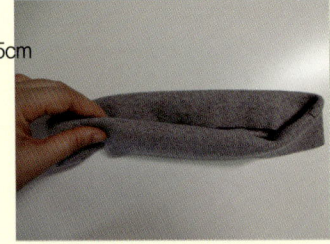

16 옆선을 박음질하고 시접은 함께 모아 오버로크한 후 뒤쪽으로 넘긴다.

17 시보리를 식서 방향으로 반 접어 창구멍을 남기고 박음질한다.

18 시보리의 겉이 나오도록 반을 접는다. 박음질한 시접은 가름솔한다.

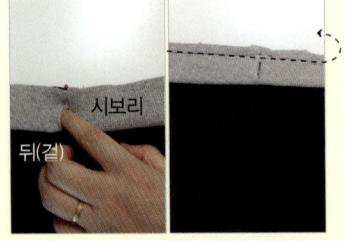

19 시보리의 연결 부분이 뒤로 가도록 허리에 시보리를 연결한다.

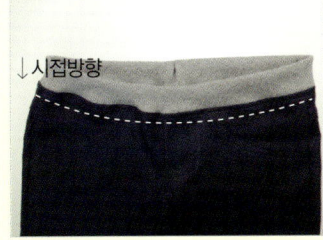  

20 시접을 함께 모아 오버로크하고 몸판 쪽으로 넘겨 겉에서 얇게 상침한다.

21 창구멍은 뒤판 중앙 안쪽에 오게 된다. 창구멍을 통해 아이의 배둘레에 맞게 고무줄을 넣고 2cm 겹치게 해서 사각형으로 박아 고정한다.

22 바지 밑단은 2cm씩 두 번 접어 박음질한다.

23 주머니뚜껑에 단추를 달고 완성한다.

완성

8부 슬림 팬츠

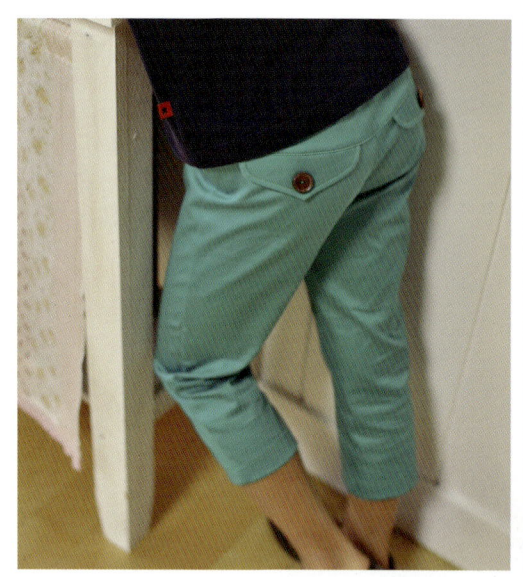
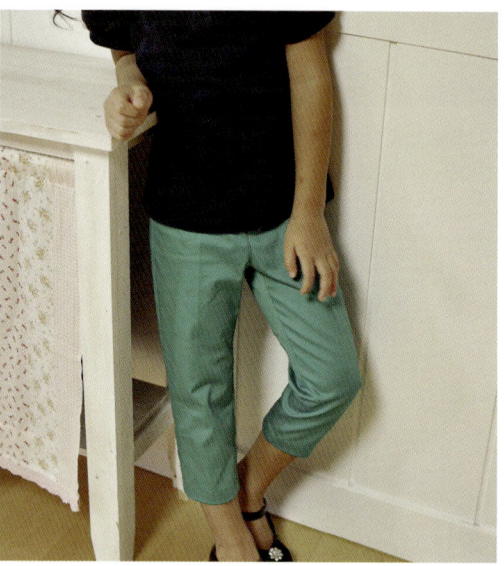

슬림 팬츠와 동일한 패턴으로 길이만 줄였어요.
발랄한 느낌으로 활동적인 아이에게 잘 어울린답니다.

★ 함께 코디된 상의(남색)는 '볼륨 소매 칼라 티셔츠' 입니다(p.54).

8부 슬림 팬츠(kid's) 만들기

+ **준비하기**

패턴 |
E-2 8부라인(앞, 뒤-1, 뒤-2,
주머니뚜껑, 모양주머니, 허리 시보리)

원단소요량 |
1마(면트윌스판)

부재료 |
바늘 14호, 코아사, 시보리 약간,
3cm 고무줄, 단추 2개

+ **재단하기**

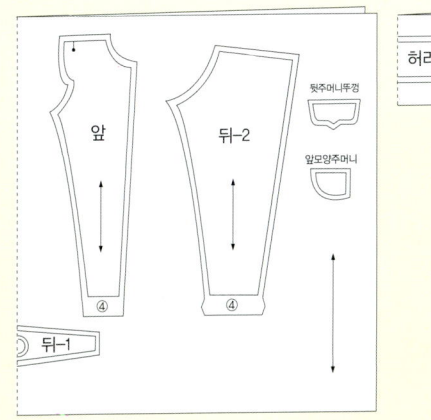

+ **만들기**

만드는 방법은 슬림 팬츠와 동일하다(p.102).

완성

 kid's

베이직 팬츠

통이 넓은 팬츠는 활동이 자유로워요.
개구쟁이 아이에게 좋은 아이템이지요.
여름엔 길이를 줄여 7부로 입어도 멋스러워요.

베이직 팬츠(kid's) 만들기

+ 준비하기

패턴 |
E-1(앞, 뒤, 주머니, 주머니안감, 뒷주머니)

원단소요량 |
1마, 소폭은 1.5마(리넨, 코튼 20~30수)

부재료 |
바늘 11호, 재봉사, 2.5cm 고무줄, 단추 2개, 장식용 끼움라벨

고무줄 길이 |
100-43cm / 110-46cm / 120-47cm
※ 허리 고무줄 길이는 아이의 배 둘레에 맞게 조절합니다.

+ 재단하기

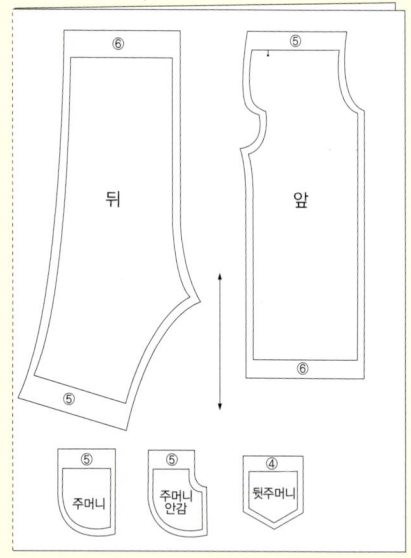

바느질 Tip
넓은 고무줄을 끼우는 바지는 세탁 후 고무줄이 꼬여 불편한 경우가 종종 생기게 되요. 그럴땐 고무줄을 넣어 완성한 후 허리를 4군데 정도 세로로 눌러 박음질해주면 고무줄이 꼬이지 않아 편하게 입을 수 있답니다.

+ 만들기

1 뒷주머니 입구를 2cm씩 두 번 접어 다리고 박음질한다.

2 뒷주머니 둘레를 안쪽으로 1cm씩 접어 다려준다.

3 뒷주머니를 달아주는 위치에 표시한다.

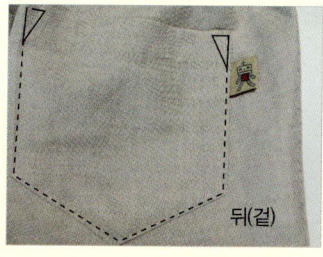
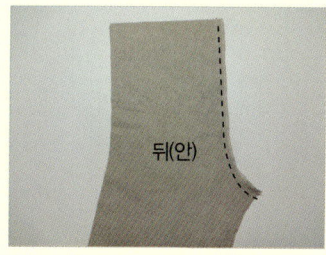
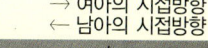
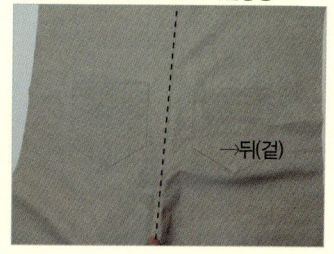

4 뒷주머니를 위치에 고정한다. 한쪽 주머니에 라벨을 끼워준다.

5 뒤판을 겉끼리 맞대고 밑위를 박음질한다.

6 시접은 함께 모아 오버로크하고 시접을 겉에서 볼 때 남아는 왼쪽으로(여아는 오른쪽) 넘기고 겉에서 얇게 상침한다.

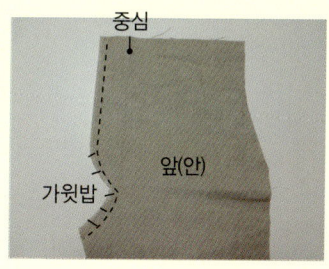
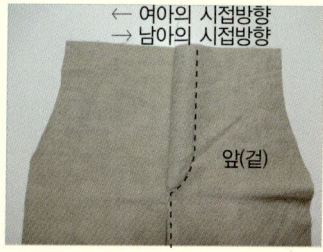
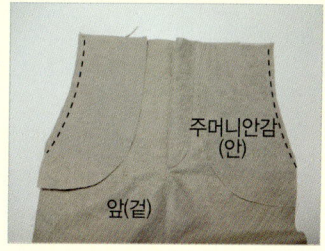

7 앞판도 겉끼리 맞대고 밑위를 박음질한다. 시접의 곡선에 가위집을 넣고 오버로크한다.

8 앞판의 시접은 겉에서 볼 때 오른쪽(여아는 왼쪽)으로 넘기고 모양지퍼를 상침한다.

9 앞판의 겉에 주머니안감의 겉을 맞대고 입구를 박음질한다.

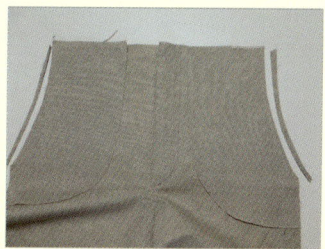
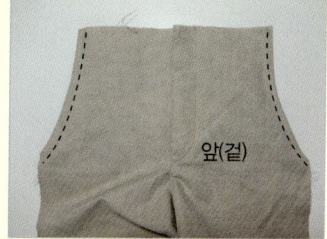
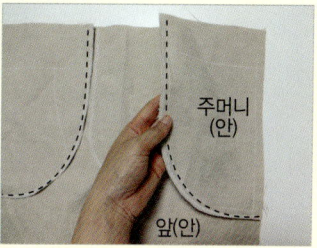

10 시접을 5mm만 남기고 잘라준다.

11 주머니안감을 안쪽으로 넘겨 다리고 겉에서 노루발 간격으로 상침한다.

12 주머니를 주머니 안감과 겉끼리 맞대고 박음질한다.

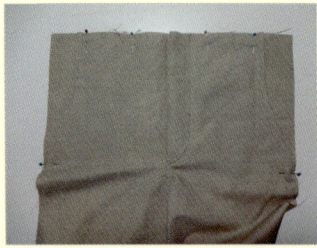

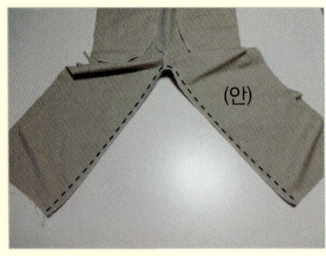

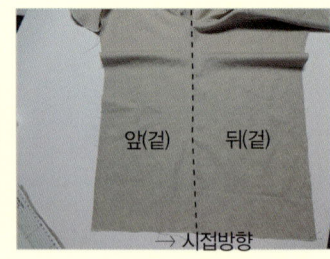

13 주머니 모양을 잘 잡아 시침핀을 꽂아 놓는다.

14 밑 아래를 박음질한 후 시접은 함께 모아 오버로크한다.

15 앞, 뒤판을 펼쳐 시접을 뒤판 쪽으로 넘기고 겉에서 얇게 상침한다. 바지 옆선을 미리 오버로크해 놓는다.

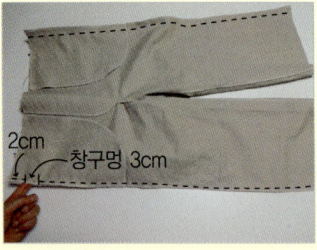

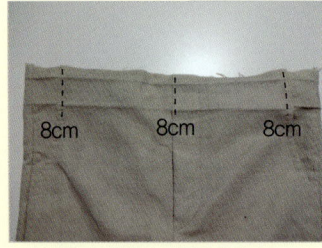

16 옆선에 고무줄 넣을 창구멍을 남기고 박음질한다. 미리 오버로크를 해놓은 시접을 가름솔한다.

17 주머니와 모양지퍼를 허리끝선부터 8cm 되는 지점까지 눌러 박음질하고 허리를 2cm 한 번, 3cm 한 번을 접어 다려준다.

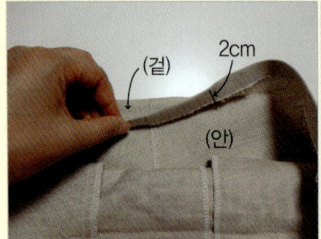

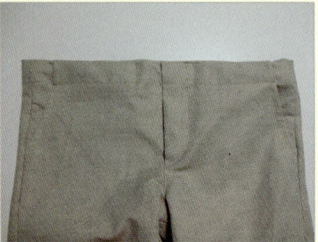

18 다린선을 둘러 박음질한다.

19 바지밑단을 3cm씩 두 번 접어 다리고 박음질한다.

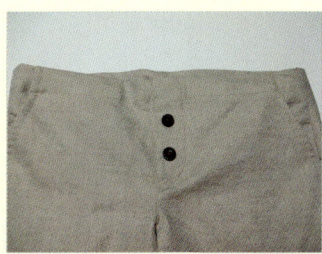

20 모양지퍼 부분에 단추를 달아 장식한다.

21 창구멍으로 고무줄을 넣고 끝을 2cm 정도 겹친 후 사각형으로 박음질해서 고정해준다. 공그르기로 창구멍을 막아준다.

22 허리 주름을 골고루 펴주고 4군데 정도에 세로로 눌러 박아주면 세탁시 고무줄이 꼬이지 않아 편하다.

완성

심플 숏팬츠

아이들이 활동하기 편한 숏팬츠예요.
리넨이나 마 소재로 만들면 여름에도 시원하게 입을 수 있답니다.

심플 숏팬츠(kid's) 만들기

+ 준비하기

패턴
E-1 반바지 라인으로 재단(앞, 뒤, 주머니, 주머니안감, 뒷주머니)

원단소요량
1매(리넨, 코튼 30~40수)

부재료
바늘 11호, 재봉사, 2.5㎝ 고무줄, 단추 2개
※ 허리고무줄 길이는 베이직 팬츠와 동일.

+ 재단하기

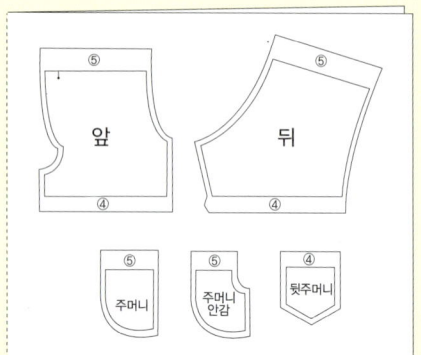

※ 주머니를 만들고 싶지 않을 때

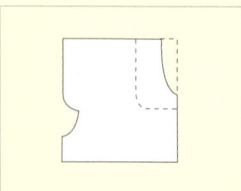

앞판 패턴 위에 주머니 패턴을 올려서 재단한다.

※ 트레이닝 팬츠로 만들고 싶을 때

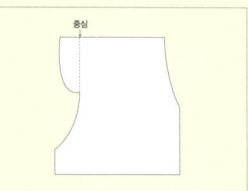

패턴에서 모양지퍼를 없애고 만든다.

+ 만들기

※ 밑단시접 처리를 잘해야 밑단이 울지 않고 예쁜 바느질을 할 수 있다.

1 옆선이 사선으로 처리된 밑단은 시접처리가 중요하다. 밑단을 패턴에 표시된 시접양만큼 남기고 남은 원단은 잘라버린다(심플 숏팬츠의 경우 밑단 시접은 4㎝이다).

2 2㎝씩 두 번 접어 다려준다.

3 접은 시접에 옆선 사선과 동일한 연결선을 그려준다.

4 선을 따라 잘라낸다.

5 시접의 모양이 사진처럼 된다.

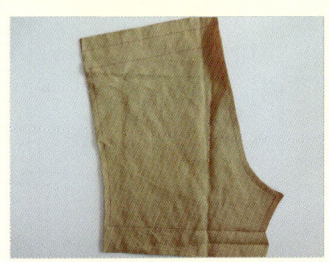

6 재단을 한다. 나머지는 베이직 팬츠 만드는 방법과 동일하나 심플 숏팬츠는 밑단 시접을 2cm씩 두 번 접어 박음질 한다.

완성

와이드 팬츠

언뜻 보기엔 스커트 같지만 품이 넓은 팬츠입니다
커다란 주머니로 귀여움을 더했어요.

와이드 팬츠(kid's) 만들기

✚ 준비하기

패턴
E-3(몸판, 주머니)

원단소요량
1.5마(면트윌, 해지, 리넨 등)

부재료
바늘 14호, 재봉사, 2.5cm 고무줄 1마

고무줄 길이
100-43cm / 110-46cm / 120-47cm
※ 허리 고무줄 길이는 아이의 배 둘레에 맞게 조절합니다.

✚ 재단하기

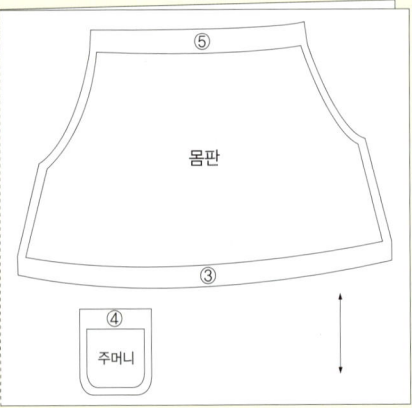

바느질 Tip
밑단을 안으로 접어 넣고 다릴 때 이렇게 해보세요!

원단의 겉면에 시접선을 그려주면 접어지는 선이 보이게 되어 한결 수월하게 작업을 할 수 있다. 단, 선을 그릴 때에는 수성펜이나 초자고 등 지워지는 펜을 사용한다.

✚ 만들기

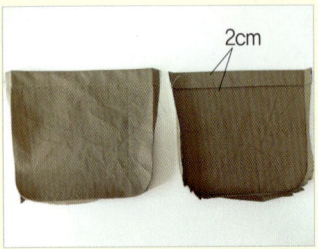

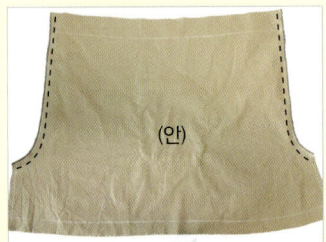

1 주머니 입구를 2cm씩 두 번 접어 박음질하고 나머지는 1cm씩 안으로 접어 다려준다.

2 몸판의 주머니 위치에 주머니를 달아준다.

3 몸판 두 장을 겉끼리 맞대고 앞, 뒤 밑위를 박음질한다. 시접은 함께 모아 오버로크한다.

4 밑아래를 박음질하고 시접은 오버로크한다.

5 옆선을 박음질하고 시접은 오버로크한다.

6 밑단을 오버로크하고 3㎝를 안으로 접어 다려준다.

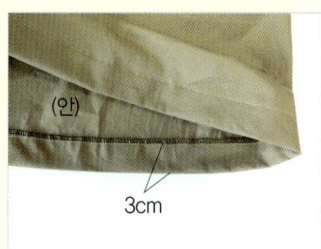

7 밑단을 둘러 박음질한다.

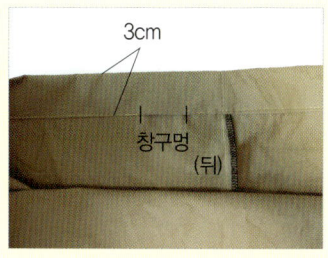

8 허리시접을 2㎝ 한 번, 3㎝ 한 번을 안쪽으로 접어 뒷부분에 창구멍을 남기고 둘러 박는다. 창구멍으로 고무줄을 넣고 창구멍을 공그르기로 마무리한다.

완성

 19 mom's

와이드 숏팬츠

통이 넓은 팬츠는 스커트의 여성스러움과
팬츠의 편안함을 동시에 즐길 수 있어요.

와이드 숏팬츠(mom's) 만들기

+ **준비하기**

패턴 |
B-2(앞, 뒤)

원단소요량 |
1마(해지, 리넨)

부재료 |
바늘 14호, 재봉사, 2.5cm 고무줄(본인 허리둘레만큼)

+ **재단하기**

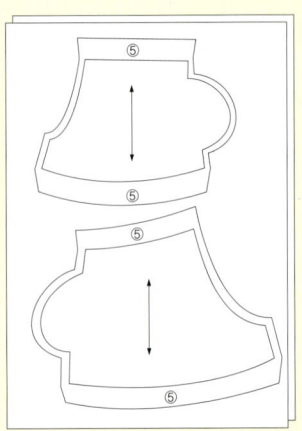

+ **만들기**

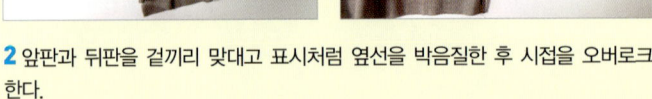

1 앞판을 겉끼리 맞대고 밑위를 박음질한다. 시접은 오버로크한다(뒤판도 동일).

2 앞판과 뒤판을 겉끼리 맞대고 표시처럼 옆선을 박음질한 후 시접을 오버로크한다.

3 밑 아래를 박음질하고 시접은 오버로크한다.

4 밑단을 오버로크하고 5cm를 안으로 접어 박음질한다. 박음질 선에 홈질로 스티치를 넣어도 예쁘다.

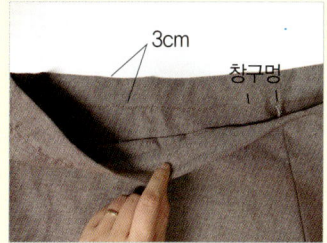

5 허리를 2cm 접고 또 3cm를 접어 다려 창구멍을 내고 둘러 박음질한다. 창구멍을 통해 고무줄을 넣고 막음한다.

완성

트레이닝 팬츠

슬림한 라인이 돋보이는 트레이닝 팬츠는
다리를 길어 보이게 하는 효과를 줄 수 있어요.
밝은 색보다는 어두운 색으로 만들면 한결 날씬해 보일 수 있겠지요.

트레이닝 팬츠(mom's) 만들기

+ 준비하기

패턴 |
B-1(앞, 뒤, 주머니, 주머니안감, 주머니 시보리, 허리 시보리)

원단소요량 |
2마(다이마루쭈리, 미니쭈리, 분또), 시보리 원단 1/4마

부재료 |
니트바늘 14호, 스판사, 스트링 1.5마,
3cm 고무줄(본인 허리둘레만큼)

+ 재단하기

+ 만들기 ※ 와펜 등으로 장식을 하고 싶을 경우 재단 후 봉재 전에 미리 박음질해 놓아야 한다.

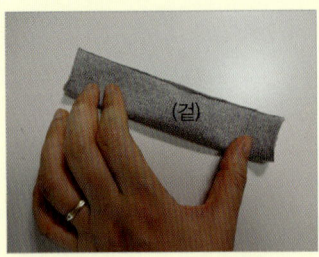

1 주머니 시보리를 겉이 보이도록 길게 반 접는다.

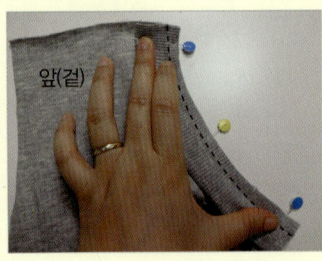

2 앞판 주머니 입구에 시보리를 당겨 시침핀으로 고정하고 1cm 간격으로 박음질한다.

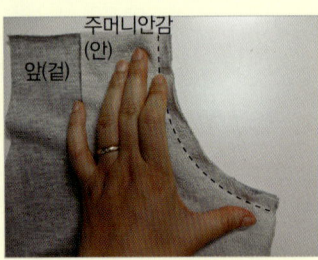

3 주머니안감을 앞판에 겉끼리 맞대고 시보리를 박음질한 선대로 겹쳐 박음질한다. 시접은 5mm를 남기고 잘라 버린다.

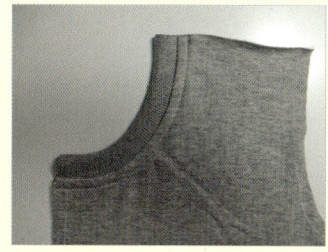  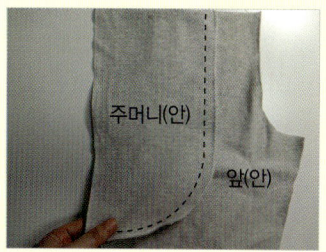

4 주머니안감을 안쪽으로 넘기고 다려 겉에서 노루발 간격으로 박음질한다.

5 노루발 간격이란 원단의 끝을 노루발 끝에 맞추고 박음질하는 것을 말한다.

6 주머니를 주머니안감과 겉끼리 맞대고 박음질한다.

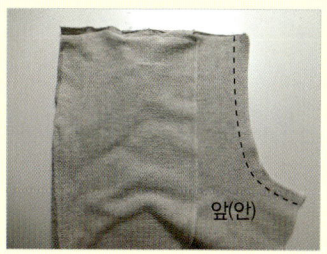  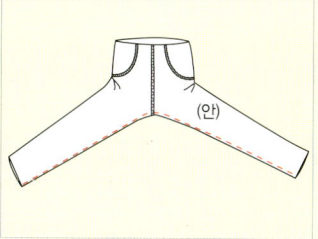

7 앞판 두 장을 겉끼리 맞대고 밑위를 박음질한다. 시접은 함께 모아 오버로크하고 겉에서 봤을 때 왼쪽으로 넘겨준다.

8 겉에서 5mm 간격으로 상침한다. 뒤판도 동일하게 밑위를 박음질한다. 단, 시접을 오른쪽으로 넘기고 상침한다.

9 앞, 뒤판을 겉끼리 맞대고 밑 아래를 박음질한다. 시접은 함께 모아 오버로크하고 뒤판 쪽으로 넘긴다.

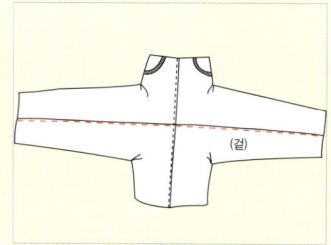 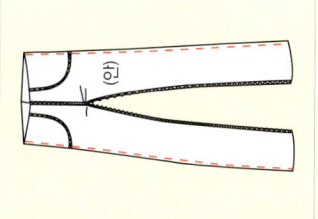 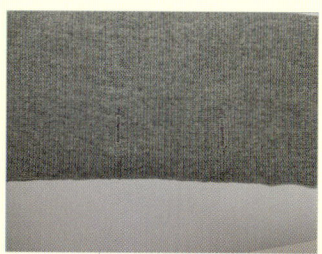

10 겉에서 얇게 상침한다.

11 옆선을 박음질하고 시접은 함께 모아 오버로크한 후 뒤쪽으로 넘긴다.

12 허리 시보리의 표시된 부분에 단춧구멍을 낸다.

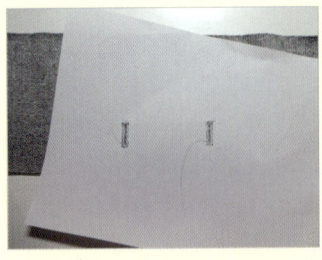

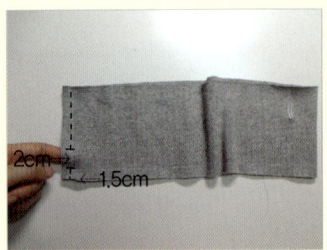

13 신축성이 좋아 단춧구멍이 잘 만들어지지 않으므로 안쪽에 접착심지를 붙이거나 A4지를 깔고 작업하면 쉽게 작업할 수 있다.

14 시보리의 겉을 맞대고 반으로 접어 (식서 방향) 2cm의 창구멍을 내고 박음질한다(창구멍은 고무줄을 넣을 구멍이다).

15 허리에 시보리를 달아준다(기초바느질 시보리 달기 참고).

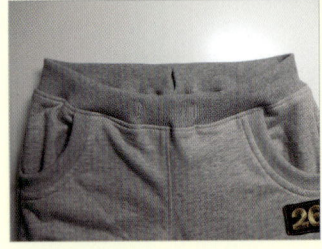

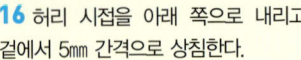

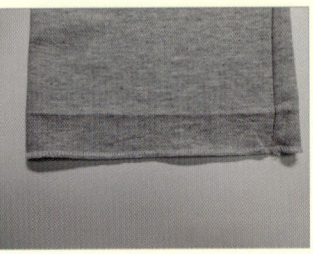

16 허리 시접을 아래 쪽으로 내리고 겉에서 5mm 간격으로 상침한다.

17 밑단을 오버로크하고 3cm를 접어 다려 박음질한다.

18 허리 시보리의 단춧구멍으로 스트링을 끼운다. 창구멍으로 고무줄을 끼워주고 공그르기로 막음한다.

19 뒤쪽 중앙 부분에서 스트링을 고정해주면 빠지지 않아 편리하다.

완성

트레이닝 숏팬츠

트레이닝 팬츠 패턴을 짧게 만들어 한결 가볍고 시원한 숏팬츠!
약간 도톰한 원단으로 만들어 레깅스와 코디해도 멋스러워요.

트레이닝 숏팬츠(mom's) 만들기

+ **준비하기**

패턴
B-1 반바지 라인으로 재단
(앞, 뒤, 주머니, 주머니안감, 주머니 시보리, 허리 시보리)

원단소요량
1마(쭈리, 미니쭈리, 기모쭈리(겨울용))

부재료
니트바늘 14호, 스판사, 스트링 1.5마
3㎝ 고무줄(본인 허리둘레만큼)

+ **재단하기**

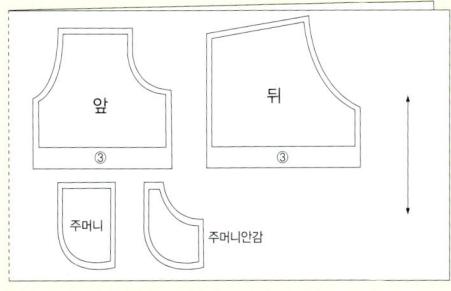

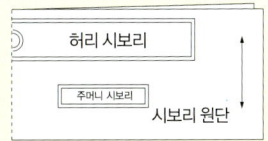

+ **만들기**

만드는 방법은 성인 트레이닝 팬츠와
동일하다(p.130 참조).

완성

레드 스트라이프 원피스

기본 티셔츠에 스커트만 연결해도 훌륭한 원피스가 완성되지요.
다소 밋밋해 보일 수 있는 디자인에 화려한 무늬의 원단으로
포인트를 주는 것도 재미있어요.

레드 스트라이프 원피스(kid's) 만들기

➕ 준비하기

패턴
D-1(앞, 뒤, 소매(반소매), 바이어스), Y-1(스커트)

원단소요량
0.5매(싱글다이마루 30수, 면 30수)

부재료
니트바늘 11호, 14호, 스판사

➕ 재단하기

※ 상의 패턴 재단 방법은 기본 반소매 티셔츠 참조.
(상의 밑단 시접은 주지 않아요)

➕ 만들기

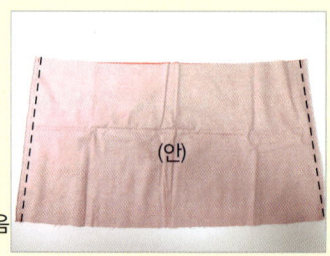
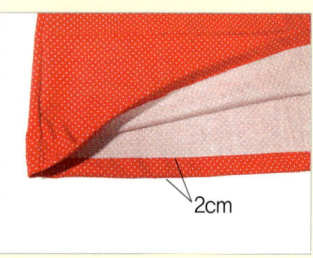

1 티셔츠 만드는 방법은 기본 반소매 티셔츠를 참고한다. 밑단은 처리하지 않는다.

2 스커트를 겉끼리 맞대고 옆선을 박음질한다. 시접은 오버로크한다.

3 스커트 밑단은 2cm씩 두 번 접어 박음질한다.

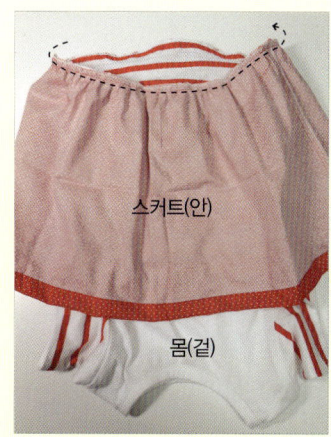

4 스커트에 주름을 잡아 몸판의 겉과 맞대고 박음질한다.

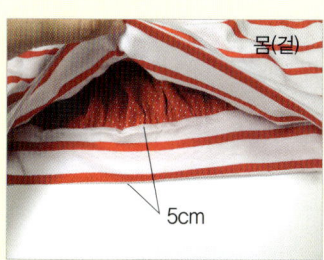

5 스커트를 몸판의 안쪽으로 5㎝ 만큼 밀어 넣고 다림질한다.

6 티셔츠에만 시침핀을 꽂고 스커트를 몸판 밖으로 빼낸다. 티셔츠의 밑단이 5㎝ 접혀 다려져 안으로 들어가 있는 형태가 된다.

7 티셔츠 밑단을 4.5㎝ 간격으로 둘러 박음질한다.

완성

리넨 원피스

만들기는 비교적 간단하지만
격식 있는 자리에도 잘 어울리는 원피스로
다양하게 활용할 수 있습니다.

리넨 원피스(kid's) 만들기

＋ 준비하기

패턴 |
F-1(앞-1, 앞-2, 뒤-1, 뒤-2)
바이어스 목둘레 4cm x 110cm(1장)
　　　　진동둘레 4cm x 50cm(2장)
　　　　뒤트임 4cm x 20cm(1장)

원단소요량 |
컬러리넨 1마, 흰색리넨 1/4마

부재료 |
바늘 14호, 재봉사

＋ 재단하기

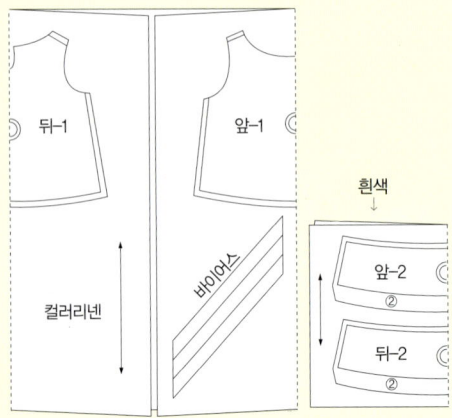

＋ 만들기

1 뒤트임에 바이어스를 한다.

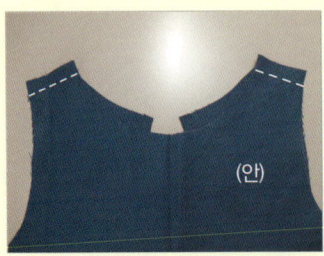

2 앞판과 뒤판을 겉끼리 맞대고 어깨를 박음질한다.

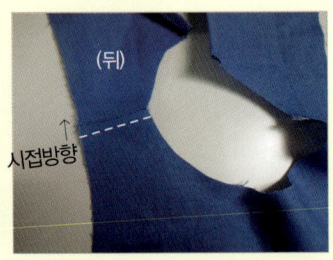

3 시접을 함께 모아 오버로크하고 뒤쪽으로 넘겨 겉에서 얇게 상침한다.

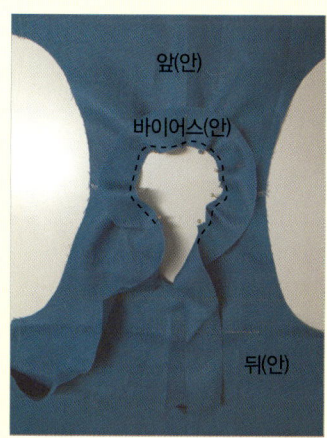

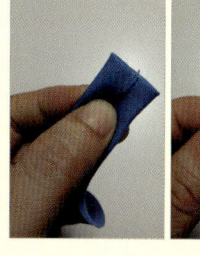

5 목둘레의 남는 바이어스는 위 사진과 같이 접어 끈을 만들며 바이어스를 한다.
※ 바이어스하는 방법은 기초바느질을 참고.

4 목둘레 바이어스의 중심과 앞판의 중심을 맞추고 목둘레에 바이어스를 한다.

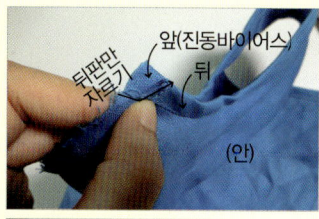
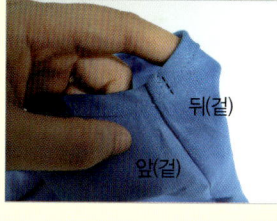

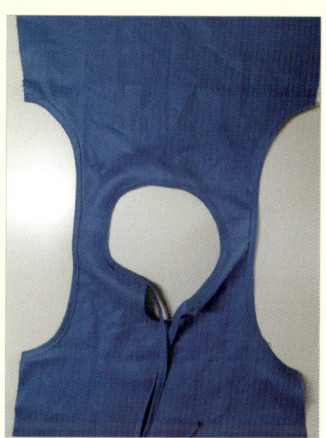
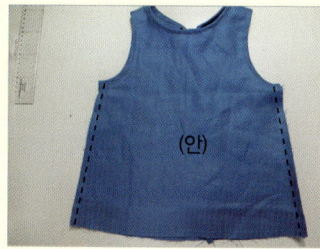

7 옆선을 박음질한다.

8 옆선 겨드랑이 쪽 시접을 뒤판 쪽만 짧게 자르고 함께 모아 오버로크한 후 뒤판 쪽으로 넘겨 살짝 고정한다.

6 목둘레 바이어스를 완성하면 뒤트임에 끈이 만들어진다. 진동둘레를 바이어스한다.

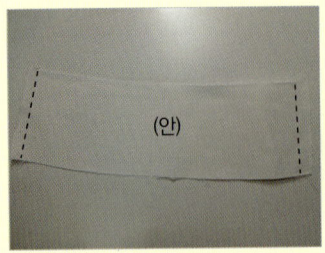

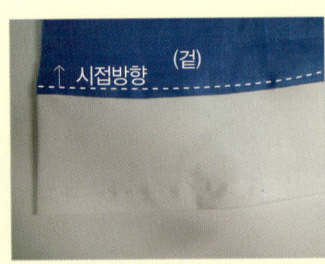

9 앞-2와 뒤-2를 겉끼리 맞대고 옆선을 박음질하고 시접을 함께 모아 오버로크 한다.

10 몸판(겉)에 색이 다른 밑단의 겉이 맞닿도록 끼워 둘러 박음질한다. 이때 옆선 시접은 뒤판 쪽으로 넘긴다.

11 시접을 오버로크하고 몸판 쪽으로 넘겨 겉에서 5mm 간격으로 상침한다. 밑단은 오버로크한 후 2cm 접어 다려 박음질한다.

완성

바느질의 여왕이 들르는 — 인터넷 부자재 SHOP 둘러보기

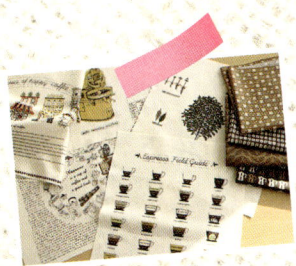

네스홈
http://www.nesshome.com

리넨, 커트지는 국내 최고라고 해도 좋을 만큼 다양하고 품질 좋은 원단을 판매하는 곳이에요.
네스홈에는 다른 곳에서 볼 수 없는 자체제작 커트지를 만날 수 있답니다. 또한 일러스트 작가와 제휴하여 개성 넘치는 캐릭터를 원단으로 만나볼 수 있는 곳이죠. 아기자기한 소품 만들기에 관심이 많은 분들이라면 꼭 한번 방문해 보세요.

천마트
http://www.chunmart.co.kr

커튼, 이불 등의 홈패션에 관심 있는 분들에게 추천해 드리고 싶은 곳이에요.
귀엽고 깜찍한 꽃무늬와 세련된 체크, 의류 원단, 부자재 등 다양한 제품을 판매하고 있습니다. 제가 만든 대부분의 옷은 천마트에서 판매하는 원단으로 만들었답니다.

패션스타트
http://www.fashionstart.net

원단은 물론 각종 부자재까지 옷 만들기의 모든 재료들을 한곳에서 구매할 수 있는 곳이에요.
각 지역에 오프라인 매장도 운영되고 있어 원단을 처음 접하는 분들은 직접 보고 구매할 수 있습니다.

럭시마미의 오뜨 꾸뛰르
http://www.luxcou21.com

갖가지 부자재가 가득한 곳이에요. 원단 숍에서 구매하기 어려운 부자재가 가득하지요.
초보님들의 서툰 솜씨도 잘 고른 부자재로 잘 고른 부자재는 초보님들의 서툰솜씨도 말끔하게 커버될 수 있고, 적당한 장식의 부자재를 찾아보는 재미도 느낄 수 있습니다.

디피샵
http://www.dipishop.com

반짝반짝 빛나는 핫픽스와 스팽글을 판매하고 있어요. 도안이 만들어진 것부터 내 손으로 직업 만드는 패키지까지 있어 개성을 표현하기에 안성맞춤이지요.
싫증난 티셔츠를 리폼할 때 핫픽스를 붙여 주면, 어렵지 않으면서 전혀 새로운 느낌의 옷을 만들 수 있답니다.

언밸런스 원피스

어깨끈을 묶어 길이를 조절하는 방식의 원피스예요.
앞과 뒤의 밑단 길이를 다르게 디자인했어요.

언밸런스 원피스(kid's) 만들기

+ 준비하기

패턴
F-2(앞, 뒤) 점선으로 표시 재단.
가슴단 바이어스, 어깨끈 바이어스(골선재단)
※ 바이어스는 푸서 방향으로 재단해야 하므로
  재단배치도를 참고해서 재단한다.

원단소요량
2마(싱글다이마루 30수, 저지)

부재료
니트바늘 11호, 스판사

+ 재단하기

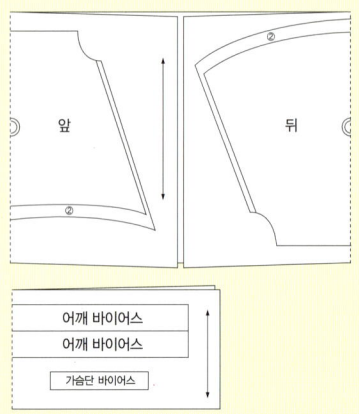

+ 만들기

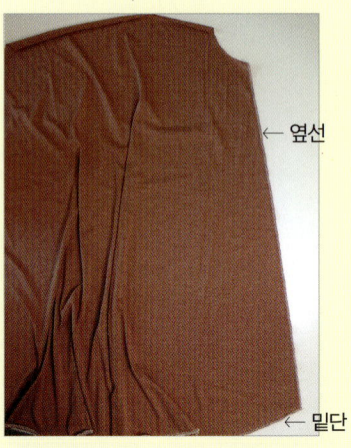

1 앞판과 뒤판의 옆선과 밑단에 오버로크를 한다.

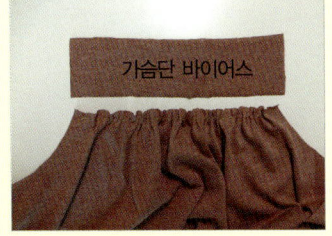

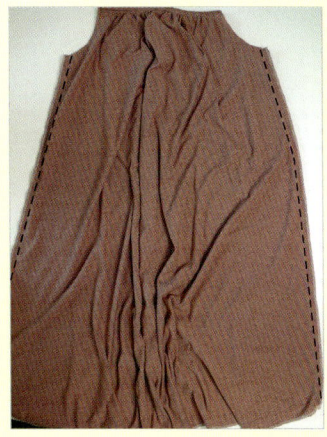

2 앞, 뒤판 가슴에 가슴단 바이어스 테이프의 길이만큼 주름을 잡아 바이어스한다.

3 앞뒤판을 겉끼리 맞대고 옆선을 박음질하고 시접을 가름솔해서 다려준다.

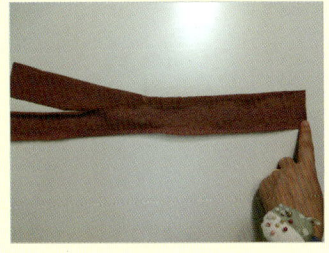

4 어깨끈 바이어스의 중심을 표시한다.

7 어깨끈 바이어스의 중심과 옆선을 맞추어 진동둘레에 바이어스를 한다.

153

  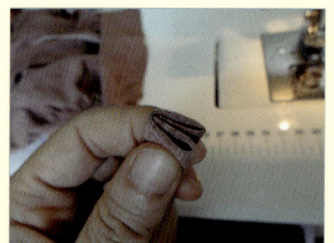

8 남는 바이어스를 사진과 같은 순서로 접어 끈을 만들며 바이어스한다.

 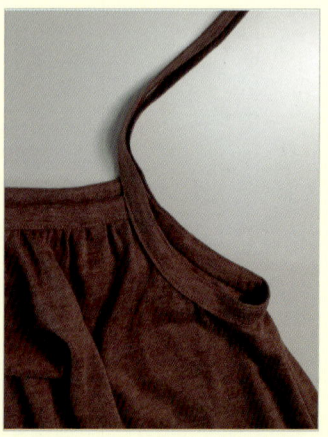 

9 바이어스가 완성되면 사진과 같이 끈이 만들어진다.

8 어깨끈의 바깥쪽에도 박음질을 해 준다.

9 밑단을 안쪽으로 2cm 접어 다려 박음질한다.

완성

저는 제 일을 무척이나 좋아합니다.
가장 사랑하는 사람들을 생각하며 그들이 편하게 입을 수 있는 옷을
만들 수 있는 제 능력이 자랑스럽습니다.

주름 원피스

가슴단의 주름이 단정하고 밑단으로 갈수록
풍성하게 퍼지는 원피스예요.
사랑스런 퍼프소매, 민소매에도 잘 어울리는 디자인입니다.

주름 원피스(kid's) 만들기

＋ 준비하기

패턴
F-2(앞, 뒤, 가슴단 바이어스, 어깨 바이어스) ※실선 패턴 재단

원단소요량
1.5~2마(면트윌 20~30수, 청지, 해지, 리넨)

부재료
바늘 14호(청지는 16호), 재봉사 또는 청바지재봉사

＋ 재단하기

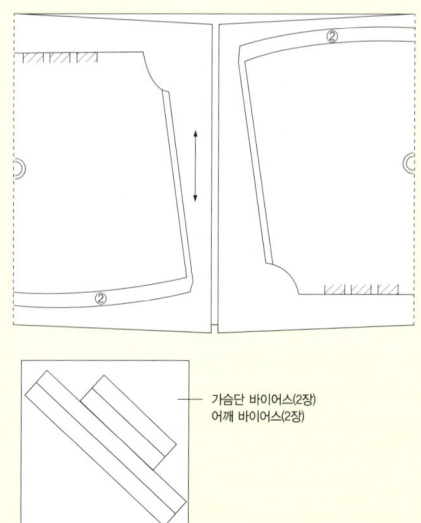

가슴단 바이어스(2장)
어깨 바이어스(2장)

＋ 만들기

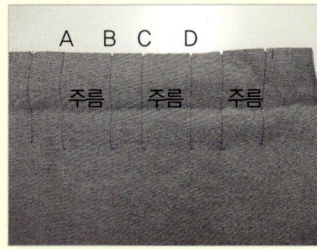

1 패턴에 표시된 대로 주름 안내선을 그린다.

2 A와 B를 겹쳐 표시된 선까지 박음질 하고 C와 D선을 겹쳐 박음질한다. 이런 식으로 주름을 만든다.

3 주름을 한 방향으로 눕히고 겉에서 얇게 눌러 상침해준다.

4 가슴단에 바이어스를 한다.

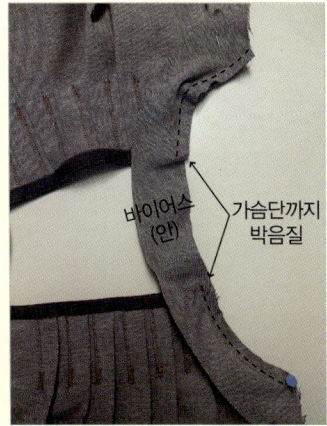

5 앞뒤판을 연결하는 진동 바이어스를 한다. 중간에 어깨끈이 생기게 된다.

6 바이어스의 바깥쪽으로 얇게 상침을 해준다.

7 앞뒤판을 겉끼리 맞대고 옆선을 박음질한다.

8 옆선 겨드랑이 쪽 시접을 뒤판 쪽만 짧게 자르고 함께 모아 오버로크한 후 뒤판 쪽으로 넘겨 살짝 고정한다. 밑단을 오버로크하고 안쪽으로 2cm를 접어 다려 박음질해서 완성한다.

완성

 mom's

고무줄 스커트

패턴없이 직사각형 재단으로 만드는 고무줄 스커트는 폭과 길이를
달리하면 새로운 느낌이 나지요.
숨은 주머니를 달아 작은 소품을 넣을 수 있어요.

고무줄 스커트(mom's) 만들기

✚ 준비하기

패턴 |
J-2(주머니)-4장 재단

원단소요량 |
2마(워싱면, 리넨 30수)

부재료 |
바늘 14호, 재봉사, 2.5cm~3cm 고무줄

✚ 재단하기

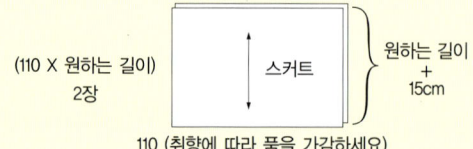

110 (취향에 따라 품을 가감하세요)

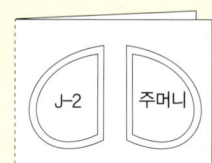

바느질 Tip
고무줄 스커트는 너무 두껍지 않은 원단으로 만드는게 좋아요. 두꺼운 원단은 허리가 두툼해져 뚱뚱해 보일 수 있어요.

✚ 만들기

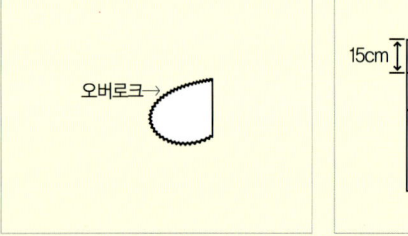

1 주머니에 오버로크를 한다.

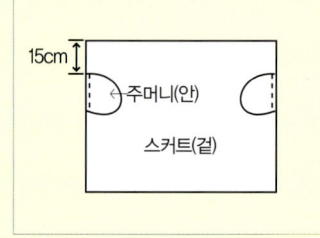

2 스커트 옆선 15cm 되는 지점에 주머니를 몸판과 겉끼리 맞대고 박음질한다.

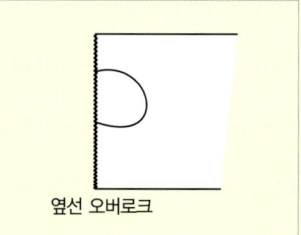

3 옆선 시접은 오버로크한다. 박음질한 주머니를 바깥쪽으로 젖혀 다린다.

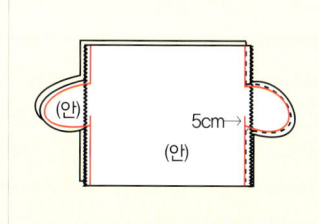 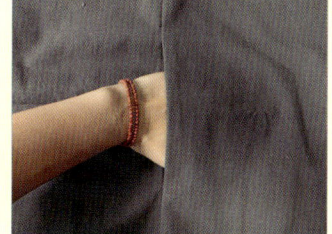 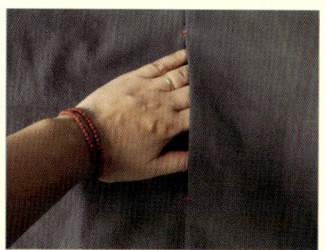

4 스커트 두 장을 겉끼리 맞대고 1㎝ 간격으로 빨강선을 박음질한다.

5 주머니 입구에 너치를 넣어 장식을 한다.

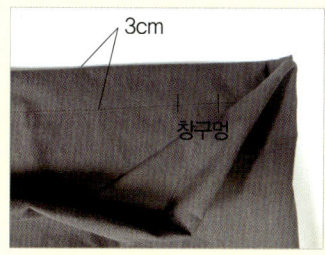 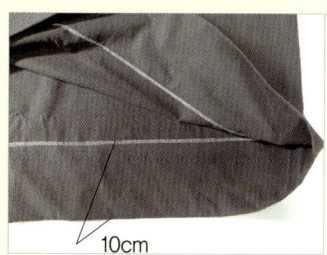

6 스커트 허리를 2㎝ 접고 또 3㎝ 접어 다려 창구멍을 남기고 둘러 박음질한다. 밑단을 오버로크한 후 10㎝를 접어 다려 박음질한다. 이때 옆선 시접은 주머니를 유념하여 앞판 쪽으로 가게 한다.

7 허리에 고무줄을 넣고 창구멍을 막는다.

완성

뒤트임 주머니 원피스

깜찍한 느낌의 뒤트임과 풍성한 스커트가 사랑스러운 원피스예요.
편안함과 여성스러움을 동시에 느낄 수 있는 아이템이랍니다.

뒤트임 주머니 원피스(mom's) 만들기

✚ 준비하기

패턴
A-1(앞, 뒤, 소매, 목 바이어스)
C-1(스커트, 주머니, 주머니안감, 주머니 바이어스)
소매단-M(8cm×32cm), L(8cm×34cm)

원단소요량
2.5마(싱글다이마루 30수)

부재료
니트바늘 11호, 스판사, 접착심지, 단추 5개

✚ 재단하기

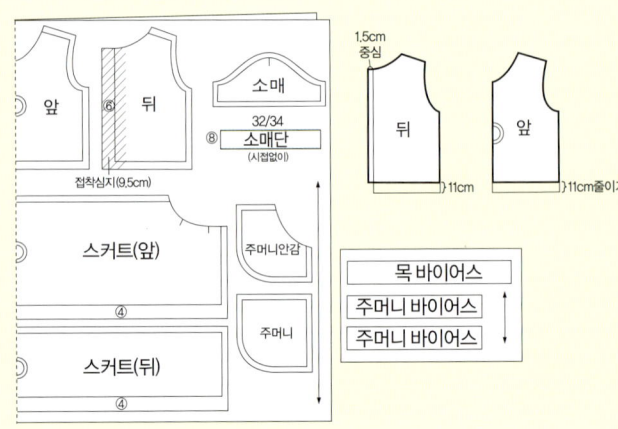

✚ 만들기

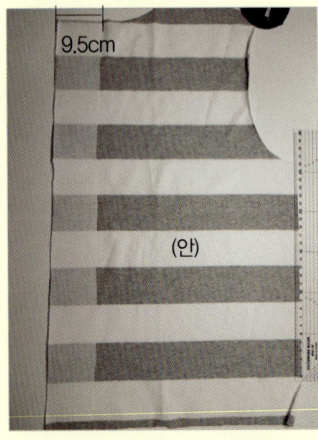 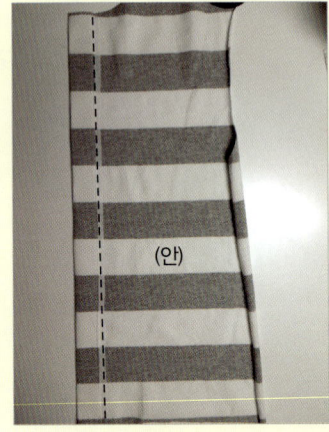 

1 뒤트임 시접에 접착심지를 붙인다. 접착심지의 넓이는 9.5cm 로 한다.

2 뒤트임 시접을 3cm씩 두 번 접어 박음질한다.

3 앞과 뒤를 겉끼리 맞대고 어깨를 박음질한다. 시접은 오버로크하고 뒤쪽으로 넘긴다.

4 목둘레에 트임바이어스를 한다(기초 바느질 참고).

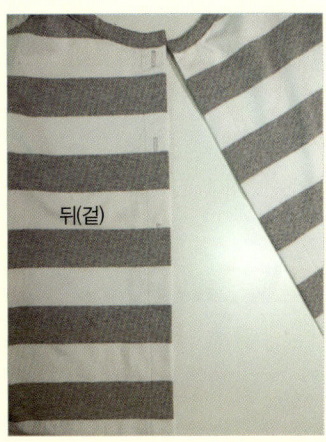

5 뒤트임에 단춧구멍을 낸다. 단춧구멍의 간격은 10cm로 한다.

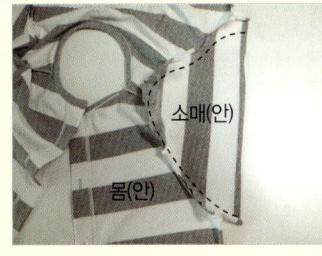

6 몸판과 소매를 겉끼리 맞대고 소매의 앞뒤를 잘 맞추어 진동둘레를 박음질한다. 시접은 오버로크하고 몸판 쪽으로 넘긴다.

7 소매부터 옆선까지 한번에 박음질한 후 시접을 함께 모아 오버로크하고 뒤쪽으로 넘겨준다.

8 소매단을 겉끼리 맞대고 반을 접어 박음질한다.

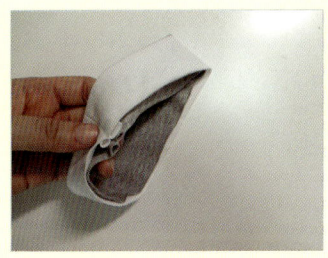

9 시접을 가름솔하고 반을 접어준다.
※소매단을 다는 방법은 시보리달기 방법과 동일하다.

167

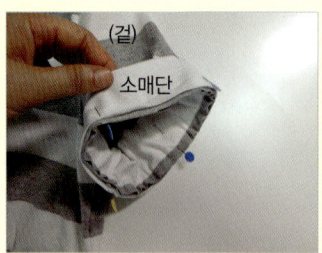

10 소매끝에 달아준다.
(기초바느질 시보리달기 참고)

11 시접을 함께 모아 오버로크하고 소매 쪽으로 넘겨 겉에서 5㎜ 간격으로 상침한다.

12 주머니의 주름 부분을 주름잡아준다.

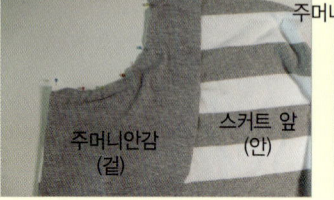

13 스커트의 주머니 안쪽에 주머니 안감을 안끼리 맞대도록 시침핀으로 고정한다.

14 스커트의 주머니 입구를 주머니 안감과 함께 바이어스한다(기초바느질 참고).

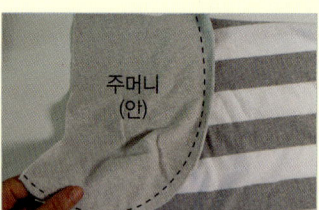

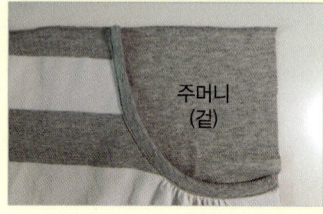

15 주머니와 주머니안감을 겉끼리 맞대고 박음질한다. 스커트 앞과 뒤를 겉끼리 맞대고 옆선을 박음질한다. 시접은 함께 모아 오버로크하고 뒤쪽으로 넘긴다.

16 앞, 뒤 스커트 허리에 주름을 잡아준다. 주머니는 주름을 잡지 않는다.

17 뒤트임을 3cm 겹치고 아랫부분을 고정해준다.

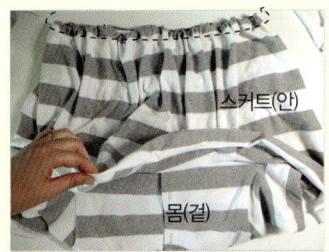

18 상의와 스커트의 겉을 맞대고 둘러 박음질한다.

19 시접을 함께 오버로크하고 상의 쪽으로 넘겨 겉에서 5mm 간격으로 상침한다. 밑단을 2cm씩 두 번 접어 박음질하고 뒤트임에 단추를 달아 완성한다.

레글런 미니원피스

성인 여성 후드 티셔츠 패턴에서 길이를 늘리고
후드 대신 시보리를 달아주었어요.
큼직한 주머니가 포인트예요.

레글런 미니원피스(mom's) 만들기

✚ 준비하기

패턴 |
A-3(앞, 뒤, 소매, 원피스 주머니, 목 시보리, 손목 시보리, 밑단 시보리(원피스용으로 재단))

원단소요량 |
1.5마~2마(미니쭈리, 쭈리)

부재료 |
니트바늘 14호, 스판사, 시보리 1마

✚ 재단하기

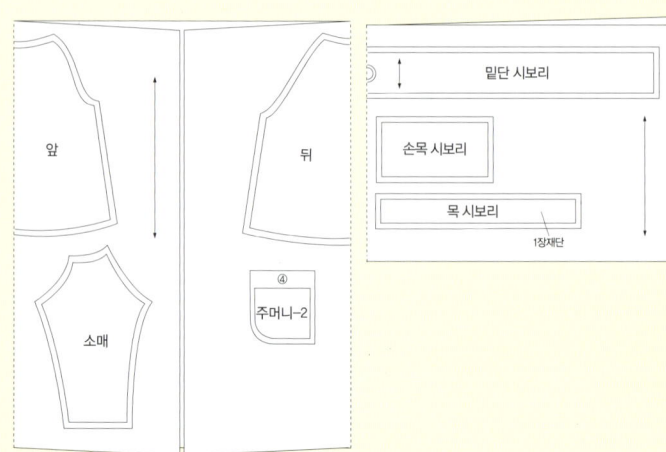

✚ 만들기

 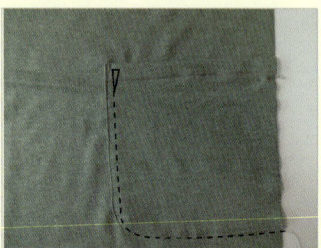 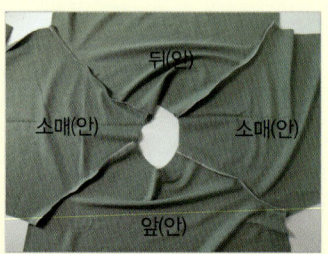

1 주머니 입구를 2㎝씩 두 번 접어 박음질하고 곡선둘레를 1㎝ 접어 다린다.

2 주머니를 앞판의 위치에 올려 박음질한다.

3 소매와 몸판을 겉끼리 맞대고 연결한다.

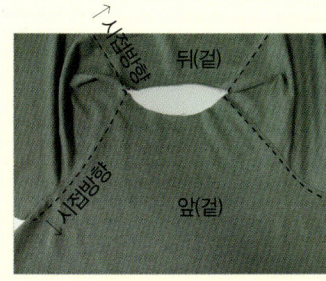  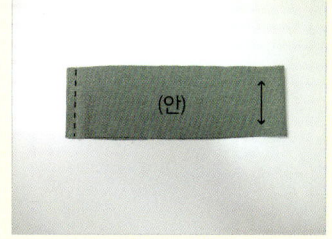

4 시접을 오버로크하고 몸판 쪽으로 꺾어 다려 겉에서 5mm 간격으로 상침한다.

5 소매와 몸판의 옆선을 한번에 박음질한다.

6 목둘레 시보리를 반을 접어 식서 방향으로 박음질한다.

 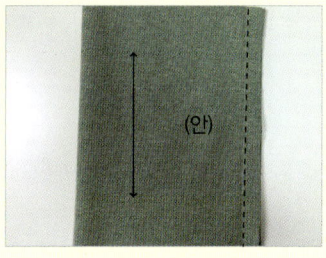

7 시접을 가름솔하고 반으로 접는다.

8 소매, 밑단 시보리도 같은 방법으로 만든다.

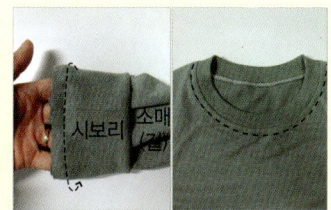

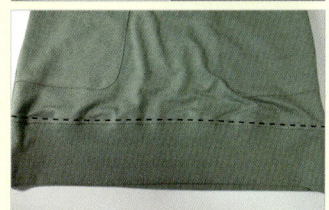

9 목, 손목, 밑단둘레에 시보리를 달아준다. 시접은 오버로크한다. 목둘레와 밑단시접을 몸판 쪽으로 꺾어 다려주고 겉에서 5mm 간격으로 상침한다.

완성

라운드 티셔츠

만들기도 쉽고 완성도가 높은 라운드 티셔츠는
가족 티셔츠로 손색이 없어요.
같은 와펜을 달아주거나, 원단의 색을 통일해주기만 해도
훌륭한 커플룩이 된답니다.

라운드 티셔츠(family's) 만들기

+ 준비하기

패턴 |
A-3(여), A-4(남), D-3(아동)
(앞, 뒤, 소매, 목 시보리, 손목 시보리, 밑단 시보리)

원단소요량 |
미니쭈리, 쭈리
아동(1마), 성인(1.5마~2마)

부재료 |
니트바늘 14호, 스판사, 시보리 1마, 와펜

+ 만들기

재단배치도와 만드는 방법은 레글런 미니원피스(mom's)와 동일함(p.170 참조). 단, 주머니는 생략.
와펜은 앞판에 부착한 후 만들기를 시작한다.

완성

 mom's

점퍼 스커트

뱃살과 엉덩이, 허벅지까지 효과적으로 가려줄 수 있는 원피스예요.
원피스로 디자인되었지만 청바지나 레깅스와도 잘 어울려요.

점퍼 스커트(mom's) 만들기

✚ 준비하기

패턴
C-2(앞, 뒤, 안단(앞, 뒤), 주머니)

원단소요량
해지, 면30수, 리넨 1.5마, 안감원단 반마

부재료
바늘 14호, 재봉사, 단추 4개, 장식 라벨

✚ 재단하기

✚ 만들기

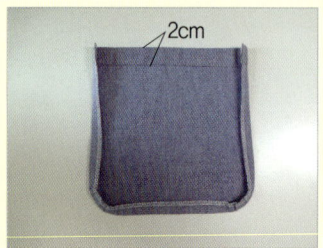

1 주머니 입구를 2㎝씩 두 번 접어 다리고 박음질한다. 주머니 시접을 1㎝ 안으로 접어 넣어 다림질한다.

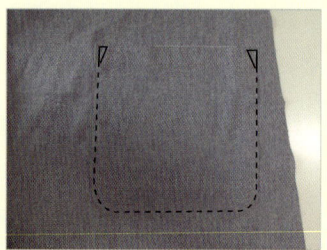

2 앞판 주머니 위치에 주머니를 달아 준다.

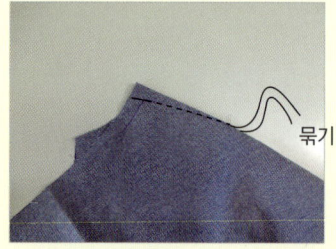

3 가슴 다트를 박음질한다. 다트 끝은 되돌아 박음질을 하지 않고 실을 길게 잡아당겨 묶어준다.

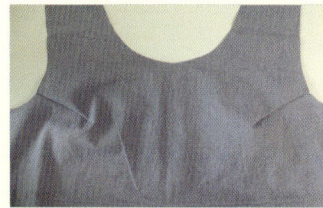
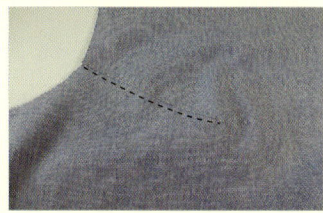

4 다트 시접을 위쪽으로 올려 다림질 하고 얇게 상침한다. 앞안단도 다트를 박음질한다.

5 앞, 뒤 안단 모두 옆선과 밑단을 오버로크한다.

6 앞판의 겉과 앞안단의 겉을 맞대고 표시된 곳을 박음질한다.

7 시접을 5mm만 남기고 잘라낸다.

8 곡선 부분은 시접에 가위집을 내고 뒤집어 다려준다. 뒤판도 동일하게 만든다.

9 앞판과 뒤판을 겉끼리 맞대고 안단을 들어 올려 안단은 안단끼리, 겉감은 겉감끼리 박음질한다. 시접은 가름솔한다.

10 어깨 목둘레 진동을 둘러 5mm 간격으로 상침한다.

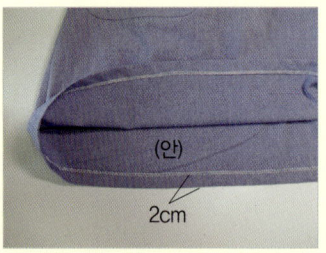

11 안단 옆선을 몸판 옆선의 시접에 살짝 고정해준다.

12 밑단을 2cm 접어 올려 박음질한다.

13 주머니와 뒤판 목라인에 장식 라벨을 달아준다. 앞쪽 어깨에 단춧구멍을 내고 뒤쪽엔 단추를 달아 완성한다.

완성

쉬폰 스카프 만들기

하늘하늘 살랑거리는 쉬폰은 스카프로 만들기에 아주 좋아요.
다용도로 활용이 가능한 스카프는 만들기도 쉬운 아이템이랍니다.
여러 개를 만들어 분위기에 따라 둘러주면
센스 있는 사람이 될 수 있을 거예요.

직사각형으로 길게 자른 쉬폰의 가장자리를 5㎜씩 두 번 접어 박음질하면 완성. 레이스나 모티브, 예쁜 라벨을 달아주면 좀 더 개성있는 스카프를 만들 수 있다.

디자인 원단 브랜드 NESSHOME

01. 트렌디하고 사용자에게 효율적인 원단 디자인 개발
네스홈이라는 원단 브랜드를 가지고 소속 디자이너 5명과 다수의 외부 디자이너들과 함께 소비자의 니즈가 확실한 감각적이고 트렌디한 컷트지, 씨지엠, 핸드스팬 등의 원단 5~10개가 매달 새롭게 선보여집니다.

> **네스홈은
> 디자인 원단 브랜드의
> 네이밍입니다.**

소비자와 커뮤니케이션하고
소비자가 직접 생산에 참여하는
선진국형 Prosumer형태의 기업!

15만명 이상의
한국 핸드메이더들이 이용하는
국내 유일한 디자인 원단 브랜드!

네이버 검색 키워드 7위!
2012년도

네이버 카페 상위 0.1%
대표카페 선정!
2013년도 생활부분

최고의 핸드메이드
전문가 30인들이 활동하여
문화를 창출하는

네스홈입니다.

02. 소비자와 함께 하는 선진국형 Pr osumer형태의 기업입니다.
네스홈닷컴과 네이버 네스홈 카페 등의 커뮤니티 공간에서 소비자와 직접 소통, 혹은 소비자가 직접 생산에 참여하는 선진국형 비즈니스 모델을 도입한 회사입니다. 2013년 현재 회원 15만명

03. 최고의 퀄리티 원단을 직접 재직/가공 생산
한국 최고의 방직회사, 나염회사, 후가공 업체들과의 OEM 체결로 최고의 퀄리티 원단을 직접 생산을 하고 있습니다.

04. 대량 구매 도매 가능
네스홈은 B2c업체 중 국내에서 최고의 원단 소비량을 자랑하고 있습니다. 대량 매입을 통한 경쟁력 있는 단가로 공·수급이 가능합니다.

Only Nesshome

서울 역삼하비센터	서울 강남구 역삼동 608-14
대구 물류센터	대구 서구 이현동 329-6 / 1588-4803
동대문 매장	서울 종로구 종로6가 289-3 A동 5층 5117호 / 02)2285-4803

도매제작 관련 문의 / 프렌차이즈 관련 문의 / 취급점, Shop in Shop
해외영업 관련 문의 / 마케팅 제안 문의 / 입점 관리 문의 / 디자인 개발문의
E-mail : nesshomeb@nesshome.com

www.nessgroup.co.kr   www.nesshome.com